더 많은 정보를 얻고 싶다면

어스본 바로가기(usborne.com/quicklinks)에 방문해서
검색창에 'things to know about planet earth'를 입력해 보세요.
이 책에 나오는 많은 정보들에 관해 더 알아보고,
놀라운 우리 지구에 관해서도 더 많은 내용을 발견할 수 있어요.

우리가 추천하는 웹사이트에서는
다음과 같은 활동들을 해 볼 수 있어요.

- 나비와 게를 비롯한 동물들의 긴 이동 경로 살펴보기
- 강의 흐름을 바꾼 늑대에 관한 영상 보기
- 모래의 노래 소리 듣기
- 멕시코에 있는 크리스털 동굴의 멋진 사진 보기
- 세상에서 가장 큰 동굴 내부에서 계속 자라나는 열대 우림 살펴보기
- 마다가스카르섬에 사는 독특한 야생 동물 알아보기

어스본 출판사는 '어스본 바로가기' 이외의 정보 이용에 대한 법적 책임을 지지 않습니다.
어린이가 인터넷을 사용할 때에는 부모님께서 지켜보면서 지도해 주세요.

초등학생이 알아야 할

지구 100가지

**제롬 마틴, 대런 스토바트
앨리스 제임스, 톰 뭄브레이** 글

**페리데코 마리아니, 파코 폴로
데일 에드윈 머레이** 그림

**제니 오프리, 렌카 흐레호바
틸리 키칭** 디자인

로저 트렌드 박사 감수

신인수 옮김

1 그린란드의 크기는…

지도에 따라 달라져요.

지도를 만들 때 둥그런 지구를 평평한 종이에 그리는 건 지도 제작자에게 까다로운 문제예요. 여러 가지 방법이 있지만, 모든 것을 정확하게 나타낸 지도는 없어요.

지구 전체를 정확히 나타내는 건 **지구본**뿐이에요. 하지만 지구본은 보통 너무 커서 들고 다니기가 어려워요.

둥그런 지구를 평평한 지도로 나타내려면, 지구본에서 표면을 벗겨서 바닥에 쭉 펼쳐 놓으면 돼요. 하지만 실제로 이렇게 만들지는 못해요.

지도가 다 이어지려면 이 부분이 더 늘어나야 해요.

이 책에 나오는 많은 지명들은 120~121쪽에 나온 지도에서 위치를 확인해 보세요. 관련된 낱말의 뜻은 124~125쪽의 낱말 풀이에서 찾아보세요.

지도 제작자는 지구를 평평하게 나타내기 위해 필요한 부분을 늘이거나 줄이는 방법을 다양하게 활용해요. 이러한 방법을 **투영법** 또는 **도법**이라고 해요.

메르카토르 투영법은 1569년에 네덜란드의 지도 제작자인 게르하르두스 메르카토르가 생각해 냈어요. 이 지도는 각 나라의 형태가 거의 정확히 표현돼요.

하지만 위아래 극지방의 면적이 실제보다 훨씬 더 넓어졌어요.

갈-페터스 투영법은 1855년에 제임스 갈이 생각해 냈어요. 아르노 페터스는 후에 갈-페터스 투영법을 바탕으로 지도를 만들었어요. 이 지도는 각 나라의 면적 비율이 정확해요.

하지만 나라의 형태가 찌그러지고 길게 늘어나 보여요.

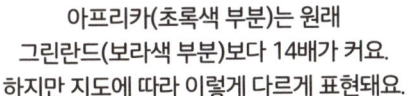

아프리카(초록색 부분)는 원래 그린란드(보라색 부분)보다 14배가 커요. 하지만 지도에 따라 이렇게 다르게 표현돼요.

메르카토르 투영법
(정확한 형태,
부정확한 면적)

실제 형태와
크기 비교

갈-페터스 투영법
(정확한 면적,
일그러진 형태)

컴퓨터 모니터로 보는 디지털 세계 지도조차도 이런 문제를 해결하지 못했어요.

2 그림자와 낙타만 있으면…

지구 둘레를 측정할 수 있어요.

고대에는 지구 둘레가 얼마인지 아무도 몰랐어요. 하지만 2,300년쯤 전에 그리스의 수학자인 에라토스테네스가 지구 둘레 길이를 측정하는 방법을 생각해 냈어요. 방법은 간단했지만 측정 결과는 놀랍도록 정확했지요.

에라토스테네스는 정오가 되면 높이가 똑같은 건물들의 그림자 길이가 도시에 따라 다르다는 사실을 알았어요.

그는 사람을 고용해서 낙타를 타고 알렉산드리아부터 시에네까지 거리를 측정했어요.

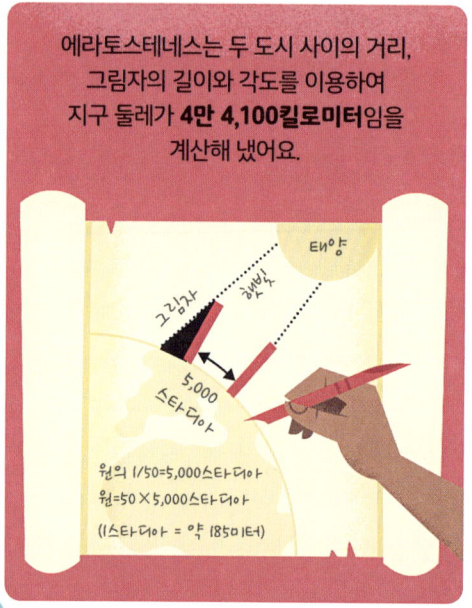

에라토스테네스는 두 도시 사이의 거리, 그림자의 길이와 각도를 이용하여 지구 둘레가 **4만 4,100킬로미터**임을 계산해 냈어요.

원의 1/50 = 5,000스타디아
원 = 50 × 5,000스타디아
(1스타디아 = 약 185미터)

오늘날 과학자가 인공위성으로 측정한 지구 적도 둘레는 **4만 75킬로미터**예요.

내 계산은 거의 정확해요. 필요한 건 그림자와 낙타와 내 창의력뿐이었어요!

3 지구의 환경은…

생명체가 살아가기 딱 좋아요.

지구는 천문학자들이 '**골디락스 존**'이라고 부르는 생명체 거주 가능 영역을 따라 태양 주위를 돌아요. 골디락스 존은 생명체가 살아가기 딱 좋을 만큼 태양 빛이 행성에 적당히 닿는 곳을 말해요. 사실 아직까지 우리는 지구 말고 생명체가 있는 곳을 알지 못해요.

무엇이 지구를 완벽하게 만들어 줄까요?

액체 상태의 물

지구는 태양에서 적절히 떨어져 있어서 적당히 따뜻해요. 그래서 지구 표면에는 언제나 물이 액체 상태로 있어요. 생명체가 살아가기에 필수적인 요소지요. 태양에 더 가깝다면 물은 증발해 버리고, 더 멀어진다면 지구는 꽁꽁 얼어 모든 생명이 죽을 거예요.

계속 움직이는 대륙

지구의 지각은 끊임없이 이동해요. 그래서 탄소와 철을 비롯하여 생명에 중요한 요소들이 재분배되고 재활용돼요.

충분한 대기

커다란 지구의 크기 덕분에 중력이 충분한 대기를 붙잡고 있어요. 대기는 우주로부터 들어오는 치명적인 방사선을 막아서 지구를 보호해요.

지구는 우리가 살기에 **딱 좋아요!**

우리는 생명체가 번성한 행성을 지구밖에 본 적이 없지만, 그렇다고 생명체가 살고 있는 행성이 우주에서 지구뿐이라는 뜻은 아니에요.

4 토끼 24마리가…
오스트레일리아의 풍경을 바꿨어요.

동식물 가운데 새로운 종이 나타나면, 그 지역 야생 동물의 균형이 깨질 수 있어요. 이렇게 새로 나타난 종을 **침입종**이라고 해요. 겨우 토끼 24마리 때문에 균형이 깨지기도 해요.

1859년에 토머스 오스틴이라는 영국 정착민이 자신의 거주지에 **토끼 24마리**를 풀어놓았어요. 오스트레일리아에 토끼를 들여온 사람이 토머스가 처음은 아니지만, 문제는 이때부터 시작된 것으로 보여요.

토끼들은 새끼를 낳고…

…또 낳고…

…또 낳았어요.

1901년에서 1907년 사이에, 토끼가 널리 퍼지지 않도록 길이가 3,000킬로미터도 넘는 울타리를 세웠어요. 하지만 이 계획은 실패로 돌아갔지요. 토끼들이 울타리 밑으로 굴을 파서 나가 버렸거든요.

5 우리가 마실 수 있는 물은…

겨우 한 방울이에요.

지구는 자주 **푸른 지구**라고 묘사돼요. 지구 표면의 70퍼센트가 물로 뒤덮여 있기 때문이지요. 하지만 지구 전체의 부피를 생각하면 물이 별로 없는 편이에요. 게다가 대부분의 물이 사람이 마실 수 없는 소금물이에요.

지구 내부는 대부분 단단한 암석과 **마그마**라는 녹은 암석으로 이루어져 있어요.

지구에 있는 모든 **물의 양**은 지구의 겨우 0.02퍼센트밖에 안 돼요.

6 그물과 밧줄, 비닐봉지가…

고래 배 속에서 발견되었어요.

2018년, 어린 향유고래 시체가 스페인 해안가로 떠밀려 왔어요. 고래 배 속에는 30킬로그램에 달하는 플라스틱을 비롯해서 인간이 만든 온갖 것들이 들어 있었어요.

전문가들은 고래가 온갖 쓰레기를 먹는 바람에 소화 계통에 문제가 생겨 죽은 것으로 보고 있어요.

지구에 있는 물의 97퍼센트는 소금기가 있는 바닷물이에요.

나머지가 소금기가 없는 민물이에요.

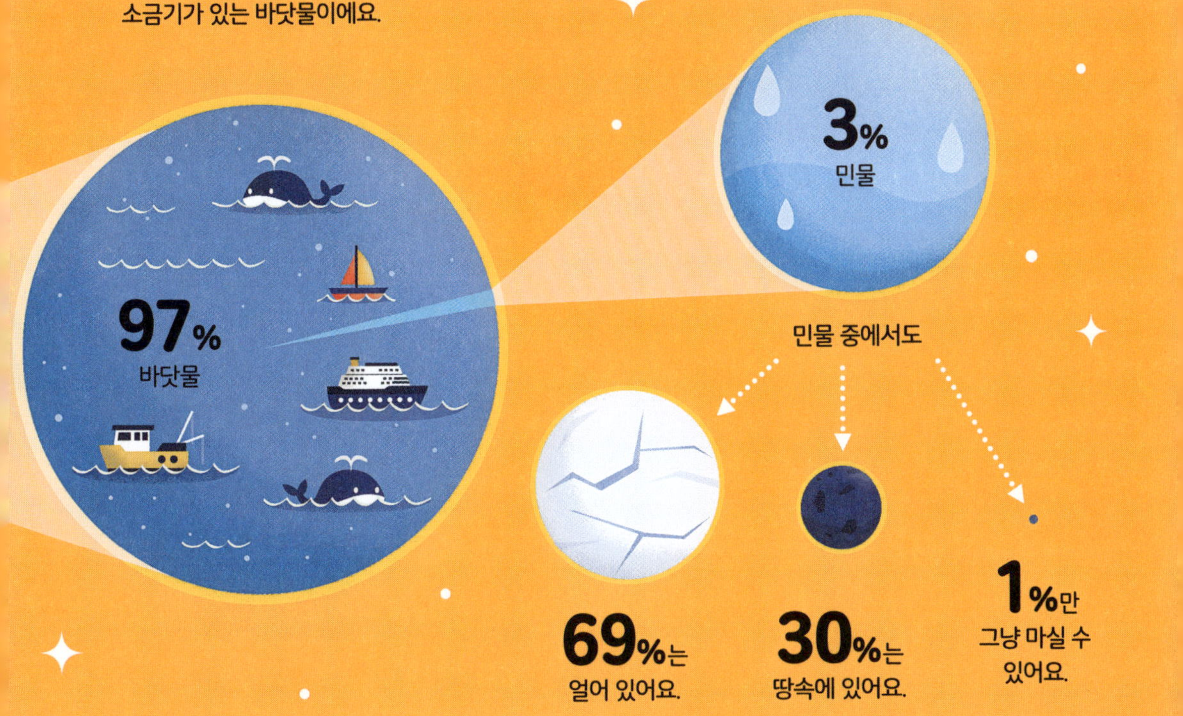

3% 민물

97% 바닷물

민물 중에서도

69%는 얼어 있어요.

30%는 땅속에 있어요.

1%만 그냥 마실 수 있어요.

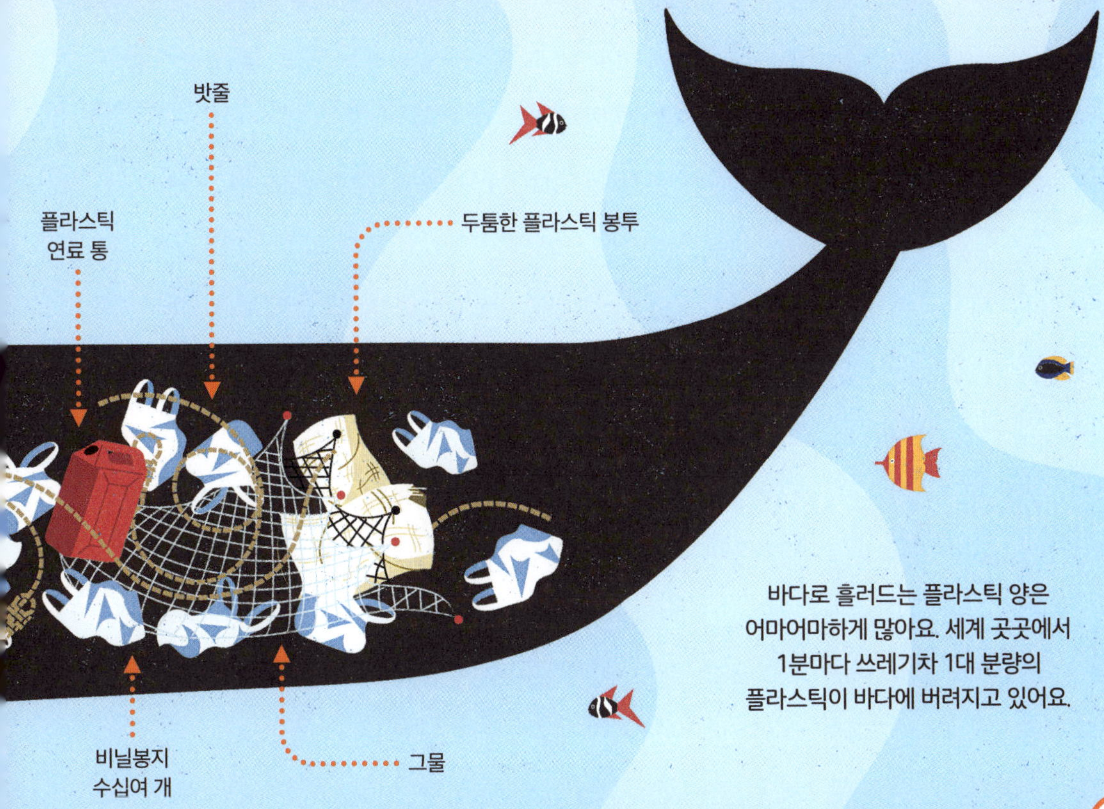

- 플라스틱 연료 통
- 밧줄
- 두툼한 플라스틱 봉투
- 비닐봉지 수십여 개
- 그물

바다로 흘러드는 플라스틱 양은 어마어마하게 많아요. 세계 곳곳에서 1분마다 쓰레기차 1대 분량의 플라스틱이 바다에 버려지고 있어요.

7 박테리아가 살지 못할 만큼 가혹한 환경은…

지구 어디에도 없어요.

박테리아는 미생물이에요. 지구에서 가장 작고 가장 강인한 생물이지요.
어떤 종류는 다른 생명체라면 전혀 살지 못할 가장 척박한 환경에서 살아가요.
예를 들면,

가장 깊은 바닷속.

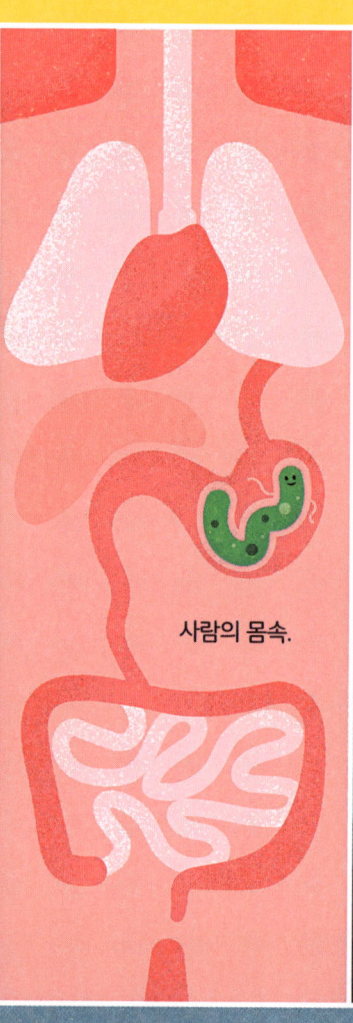

사람의 몸속.

북극 얼음 속.

단단한 암석 속.

우박 위.

과학자들은 이런 척박한 환경에서 살아가는 생물들을 **극한 생물**이라 불러요.

8 지구에 있는 모든 박테리아는…

온 인류를 합한 것보다 무게가 더 나가요.

박테리아는 연필 끝에 1만 마리가 모여 설 수 있을 정도로 너무나 작아요. 하지만 지구에는 박테리아가 무지 많아서 모두 합하면 무게가 온 인류보다 어마어마하게 더 나가요.

박테리아 한 마리의
평균 무게:
0.000000000000000665킬로그램
박테리아는 종류에 따라 무게가 다르지만,
이 무게는 *대장균* 박테리아의 무게예요.

어른 한 명의 평균 무게:
62킬로그램

지구에는 **7,800,000,000명**이 넘는 사람들이 살고 있지만 **5,000,000,000,000,000,000,000,000,000,000마리**의 박테리아가 있는 것으로 추정돼요. 숫자 5 뒤로 **0이 30개**가 붙어 있어요.

박테리아는 사람보다 훨씬 더 많이 늘어나요. 지구에게 좋은 일이지요.
박테리아 가운데 많은 종류가 흙과 바닷속에서 여러 성분을 분해하고 재활용하며
건강하게 유지하는 중요한 역할을 해요.

9 사막에 꽃이 만발해요…

폭풍우가 지나간 다음에요.

사막은 지구에서 가장 건조한 곳이에요. 많은 식물 종이 이곳에서 사는 방법을 터득했어요.
땅속에서 활동을 멈춘 채 비가 오기만을 기다리지요.
식물의 씨앗은 물이 있어야만 자라날 수 있거든요.

남아메리카에 있는 아타카마 사막에
일 년에 내리는 비의 양은
1밀리미터밖에 안 돼요.

이곳에는 5~7년마다
폭우가 쏟아져요.

비가 오면
씨앗에 싹이 터요.

단 며칠 만에 꽃들이
활짝 펴서 늘 황량했던
사막을 뒤덮어요.

이 꽃들은 몇 주 동안 피어 있다가
지면서 새로운 씨앗을 남겨요.
그러면 씨앗은 그다음에 내릴
비를 기다리지요.

10 나무들은 수줍음 때문에…

서로 닿지 않아요.

숲에 들어가 땅에서 나무 꼭대기를 올려다보면, 각 나무의 나뭇잎과 나뭇가지가 서로 닿지 않고 공간이 조금씩 비어 있는 걸 볼 수 있어요. 이런 현상은 **'꼭대기의 수줍음'** 때문이에요.

나무 맨 윗부분, **꼭대기**예요.

무성한 잎들이 꼭대기에서 서로 겹치지 않고 자라요.

이런 현상은 같은 종의 오래된 나무에서 주로 나타나요. 나뭇잎을 먹는 해충이 나무에서 나무로 옮겨 가는 걸 막기 위해서일지 몰라요.

또는 바람 많은 곳에서 서로 부딪쳐서 틈새가 생겼을 수도 있어요.

11 바다에 살던 종 대부분이…

페름기 대멸종 때 죽었어요.

약 2억 5,000만 년 전, 바다에 사는 종의 96퍼센트가 죽음을 맞이했어요.
과학자들은 이 사건을 **페름기 대멸종**이라고 불러요.

종이 뭐예요?
종은 비슷한 생물끼리 분류한 기본 단위로, 다른 생물 집단과는 구별돼요. 같은 종에 속하는 개체끼리는 새끼를 낳을 수 있어요.

여기에 다양한 종들을 대표해서 100가지 생물이 나와 있어요. 한 마리가 바다 생물 종의 1퍼센트씩을 나타내지요. 모두 페름기 대멸종 *이전*에 바다에 살았어요.

대멸종이 일어난 원인은 무엇일까요?

소행성이 지구에 충돌해서?

바다 밑에 갇혀 있던 메탄가스가 엄청나게 많이 유출되어서?

화산이 대폭발해서?

여러 가지 학설이 있지만 과학자들은 어떤 학설이 맞는지, 아니면 여러 원인이 합쳐져 복합적인지, 또는 다른 이유가 있는지 확실히 알지 못해요.

페름기 대멸종은 대재앙처럼 들리겠지만, 대멸종으로 인해 새로운 몇몇 종들이 바다와 육지에서 발달할 수 있었어요. 그로부터 1,000만 년 안에 공룡이 지구에서 걸어 다녔을 거예요.

파란색 생물은 모두 멸종한 종을 나타내요. 파란색이 아닌 4가지 생물은 바다에서 살아남은 **4퍼센트**에 해당돼요. 이 4퍼센트의 자손이 오늘날 지구의 **모든** 바다 생물을 이루고 있어요.

12 우리는 빙하기에 살고 있어요...

하지만 더 오래 이어지진 않을 거예요.

지구가 형성된 이래로 기후는 계속해서 변해 왔어요. 녹은 암석으로 이루어진 지표면이 펄펄 끓다가 식어 갔고, 꽁꽁 얼어붙은 빙하기도 거쳤죠. 빙하기는 최근에도 쭉 이어지고 있어요. 이 그림은 46억 년 전부터 오늘날까지, 지구의 기후가 어떻게 변해 왔는지를 보여 줘요.

아주 뜨거움
(90도 이상)

뜨거움
(26~89도)

중간
(16~25도)

추움
(0~15도)

빙하기
(0도 이하)

하나당 **1,000만 년**을 나타내요.

46억 년 전
지구는 뜨겁게 녹은 마그마와 같은 상태로 형성되었어요.

35억 년 전
작고, 조류처럼 생긴 최초의 생명체가 나타났어요.

24억 년 전
지구는 3억 년 동안 꽁꽁 얼어 있었어요.

21억 년 전
화산 폭발로 빙하기가 끝났어요.

20억 년~10억 년 전
지루한 10억 년 동안 기후는 변하지 않았어요(74쪽 참조).

4억 7,000만 년 전
육지에 첫 식물이 탄생했어요.

6,500만 년 전
공룡이 멸종했어요.

2억 3,000만 년 전
공룡이 나타났어요.

258만 년 전에서 현재까지

새로운 빙하기인 **제4기 빙하기**가 258만 년 전에 시작되어 오늘날까지 이어지고 있어요.
지구는 주기적으로 얼고 녹기를 반복해 왔어요. 하지만 인간 활동으로 인해 지구의 온도가 꾸준히 올라가고, 극지방에 있는 영구 얼음이 녹고 있어요. 어쩌면 이 기간이 끝나도 지구는 또다시 얼지 않을지도 몰라요.

13 지구에서 화성을 체험하기 위해…

과학자들은 아타카마 사막으로 갔어요.

아타카마 사막은 칠레의 북쪽에 위치해 있어요. 지구에서 가장 오래되고 가장 메마른 사막이지요. 바위투성이에 황량하고 사람이 살 수 없는 곳이어서 묘하게 화성 표면과 닮았어요.

아타카마 사막은 건조하고, 바위투성이에, 흙에는 소금기가 많아요. 고대 용암이 흐른 흔적이 있고, 호수 바닥이 바짝 말라 있지요.

이곳은 화성과 굉장히 닮아서 과학자들이 새로운 탐사 로봇을 시험하는 장소로 활용해요.

벌써 화성에 와 있는 것 같아!

아타카마 사막은 얼마나 건조할까요?
이 지역은 **1,000만 년이 넘는 시간 동안** 사막 상태였어요.
어떤 지점은 비 내린 흔적이 전혀 없기도 해요.

이중 비 그늘

아타카마 사막에는 양쪽으로 높은 산맥이 뻗어 있어서 비구름이 넘어오지 못하게 막아요. 그래서 **비 그늘**이라는 특히 건조한 지역을 형성해요.

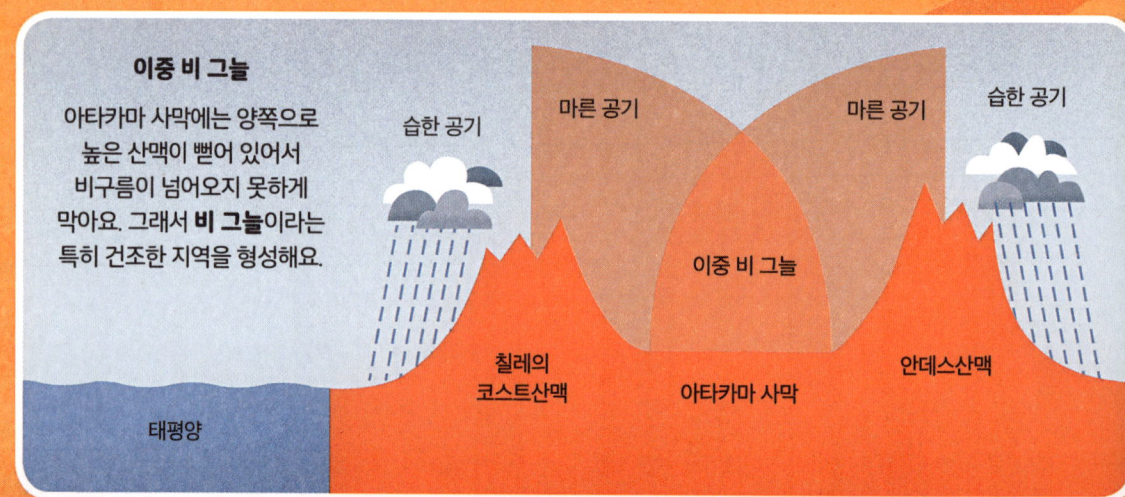

습한 공기 · 마른 공기 · 마른 공기 · 습한 공기
이중 비 그늘
태평양 · 칠레의 코스트산맥 · 아타카마 사막 · 안데스산맥

만약 화성에 생명체가 있다면, 단순한 **미생물** 형태를 띠고 땅속에 살고 있을 거예요. 미생물은 단순하고, 현미경으로만 볼 수 있는 유기체예요.

그런 미생물은 아타카마 사막의 토양 속에서도 찾을 수 있어요. 그래서 과학자들은 땅에 구멍을 뚫고 표본을 채취하는 도구들을 이곳에서 시험해 봐요. 언젠가 화성에서 사용하기 위해 개발한 도구들이지요.

안개 속 생활

아타카마 사막의 끄트머리에서는 태평양 때문에 자주 안개가 피어올라요. 그래서 몇몇 사막 식물들은 안개에서 물기를 빨아들이며 사는 데 적응해 왔어요.

은하계 관측

아타카마 사막의 밤하늘은 오염되지 않아 맑고 깨끗하고 굉장히 어두워요. 그래서 별을 연구하는 천문대를 세우기에 이상적인 곳이지요.

14 모래도 소리를 낼 수 있어요…

휘파람 소리나 심지어 우르릉거리는 소리까지요.

세계 몇몇 사막에서는 모래 언덕이 굉장한 소리를 내요.
휘파람 소리와 멍멍 짖는 소리부터 우르릉거리는 우렁찬 소리까지요.

과학자들은 모래 알갱이에 **석영**이라는 미네랄이 섞여 있어서 그런 소리가 난다고 생각해요.

소리는 이런 식으로 생겨나요.
사막에서 부는 바람 때문에 모래가 언덕을 따라 폭포처럼 아래로 쏟아져 내려요. 이때 모래 알갱이들이 서로 문질러지면서 속에 든 석영이 진동해요.

모양과 크기가 비슷한 알갱이들이 **1초에 100번 정도** 진동해요.

많은 모래 알갱이가 한꺼번에 진동하면, 귀에 들릴 만큼 커다란 소리가 발생해요.

모래 알갱이의 크기가 다르면, 소리에도 높낮이가 생겨요.

모로코의 모래 알갱이는 크기가 0.15~0.17밀리미터예요.
이때 **솔 반음올림** 음으로 낮은 소리를 내요.

오만의 모래 알갱이는 크기가 0.15~0.31밀리미터예요.
이때 **파 반음올림** 음과 그다음 **레** 음까지 9가지 음을 내요.

모래가 내는 소리는 **15킬로미터** 떨어진 곳까지 들려요.

쉬이이잇!

15 모래 도둑들이…

해변을 몽땅 훔치고 있어요.

세계 곳곳의 해안가에서 새로운 범죄가 일어나고 있어요.
모래 도둑들이 해변을 파서 모래를 트럭에 싣고 건설 현장으로 밀반입하고 있어요..

세계 곳곳에서 도로를 깔거나 건물을 짓기 위해 해마다 **트럭 수백 대**의 양에 해당하는 모래가 쓰여요. 모래로 콘크리트나 유리를 만들거든요.

이때 아무 모래나 쓰이지는 않아요. 사막의 모래 알갱이는 콘크리트로 만들기에는 너무 둥글고 부드러워요. 해변이나 강에 있는 거친 모래가 가장 좋지요.

그런데 이런 모래는 턱없이 부족해요.

바위나 조개껍데기나 산호가 닳아서 작게 부서진 후, 강물이나 밀물과 썰물에 씻겨 모래가 되기까지는 수천 년이 걸려요.

우리가 물 다음으로, *가장 많이* 쓰는 천연자원이 바로 모래예요.

쓰이는 곳이 많다 보니, 이제는 범죄단이 값을 높게 부르는 사람에게 팔려고 해변을 통째로 파내고 있어요.

16 세계에서 가장 커다란 폭포는…

물속에 있어요.

베네수엘라에 있는 앙헬 폭포는 땅 위에 있는 폭포 가운데 위에서 떨어지는 길이가 세계에서 가장 길어요. 하지만 아이슬란드와 그린란드 사이에 있는 바닷속에는 앙헬 폭포보다 3배나 더 긴 폭포가 있어요. 바로 **덴마크 해협 폭포**예요.

땅 위에 있는 폭포 가운데 어떤 폭포가 가장 커다란 폭포인지는 사람마다 의견이 일치하지 않아요. 폭포를 측정하는 기준이 다 다르기 때문이에요.

앙헬 폭포 (베네수엘라) 가장 긴 폭포
높이 : **979미터**

빅토리아 폭포 (잠비아와 짐바브웨) 가장 넓은 폭포
너비 : **1.7킬로미터**
높이 : **108미터**

잉가 폭포(콩고) 떨어지는 수량이 가장 많은 폭포
1초에 떨어지는 물의 양 : **4만 2,500세제곱미터**

하지만 무엇을 비교해도 다른 어떤 폭포들보다 덴마크 해협 폭포가 훨씬 훨씬 더 커요.

대륙의 단면

덴마크 해협 폭포는 북쪽과 남쪽에서 흘러오는 물의 온도가 서로 달라서 생겨나요.

남쪽에서 오는 물은 따뜻해요. 이 물은 북쪽에서 오는 물과 부딪치면 위로 올라가요.

북쪽에서 오는 물은 차가워요. 이 물은 남쪽에서 오는 물과 부딪치면 아래로 가라앉아요.

차가운 물은 바닷속에 있는 거대한 대륙의 경사면을 타고 흘러내려요. 이때 커다란 바닷속 폭포가 생겨나지요.

덴마크 해협 폭포
모든 면에서 가장 커다란 폭포

높이 : **3.5킬로미터**
1초에 떨어지는 물의 양 :
약 492만 세제곱미터

17 미래의 천문학자들은…

지금과는 다른 북극성을 볼 거예요.

지구는 자전축을 중심으로 회전해요. 자전축은 북극과 남극을 수직으로 연결한 상상의 축이에요. 북쪽의 자전축이 가리키는 별을 북극성이라고 하는데, 오늘날의 북극성은 폴라리스지만 언젠가는 다른 별로 *바뀔* 거예요.

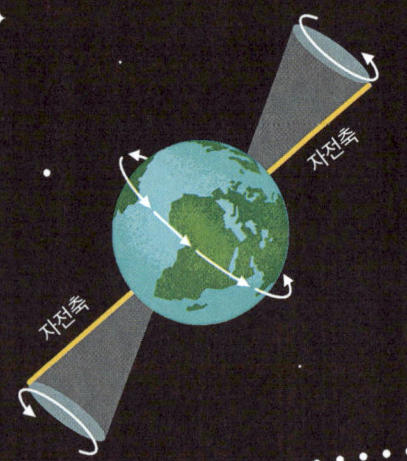

지구는 자전할 때 팽이처럼 살짝 흔들려요. 이 흔들림 때문에 지구의 자전축이 오래도록 천천히 원을 그려요. 자전축이 한 번 원을 그리며 회전하는 데 **2만 5,800년**이 걸려요.

자전축이 원을 그리며 회전하는 것을 **세차 운동**이라고 해요.

세차 운동의 영향으로, 천문학자들은 오랜 시간이 지나면 지구의 자전축이 가리키는 북극성도 *달라진다*는 사실을 알았어요.

북극성 : **투반**
(용자리에서 가장 밝은 별)

북극성 : **폴라리스**
(작은곰자리에서 가장 밝은 별)

북극성 : **베가**
(거문고자리에서 가장 밝은 별)

5,000년 전
이집트 천문학자

2020년
현대 천문학자

14000년
미래 천문학자

18 달이 없으면…

지구는 이런저런 재앙으로 난리가 날 거예요.

지구는 똑바로 서 있지 않고 자전축을 중심으로 회전해요(26쪽 참조).
자전축은 22.1도와 24.5도 사이에서 천천히 각도 변화를 보이며 계속해서 흔들리거든요.
만일 달로부터 영향을 받지 않으면, 지구는 이리저리 흔들리다 위험에 빠질 거예요.

19 푸욱 꺼진 분화구에서…

유독 가스가 새어 나와요.

꽁꽁 얼 만큼 추운 러시아 북동쪽에 바타가이카 분화구라는 **거대한 구덩이**가 있어요. 분화구에서는 가스가 나오고 으스스한 소리도 들려와요. 그리고 분화구는 얼음을 녹일 만큼 뜨거워요. 그 지역 사람들은 분화구에 '지하 세계로 내려가는 문'이라는 별명을 붙였어요.

20 양심 더미는…

죄책감과 후회와 화석이 된 나무로 쌓은 거예요.

미국 애리조나에 있는 페트리파이드 포레스트(목화석) 국립 공원의 바로 바깥쪽에 선명한 줄무늬가 있는 돌들이 무리 지어 있어요. 이 돌들은 화석화된 나무예요. 고대 나무들이 화석으로 변한 채 남아 있는 것이지요.

국립 공원에서 나이가 약 2억 1,000만 년 된 나무 화석을 보호하고 있어요.

몇몇 관광객들이 기념으로 화석을 훔쳐 가지만, 많은 이들이 나중에 다시 돌려보내요. 후회가 되기도 하고, 화석이 불행을 가져 온다는 두려움 때문이지요.

페트리파이드 포레스트

부디 이곳에 남아 있기를!

국립 공원 관리인께
부디 이 돌을 받아 주세요.
제가 이 돌을 주머니에 쏙
넣은 뒤부터 끔찍하고
안 좋은 일만 겪고 있어요.

아무개 드림

국립 공원 관리인께
지난여름에 이 화석들을 관리인께서
담당하시는 공원에서 가져왔어요.
화석은 멋지지만, 화석은 과학자들이
연구할 수 있고 모두가 볼 수 있는 곳에
있어야겠지요. 화석을 가져와서 죄송해요.
용서해 주시길 바랍니다!

화석을 사랑하는 사람 드림

무엇이, 어떻게, 왜 화석이 됐을까?

이 통나무는 수백만 년 전에 땅속에 묻혀 있었어요. 땅속에 천천히 스며든 미네랄들이 통나무 속 작은 틈새를 메웠어요. 그러면서 나무는 무늬가 또렷한 화석으로 변했지요.

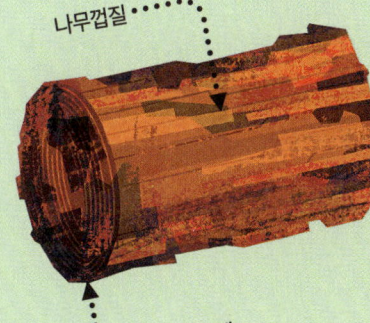

나무껍질

나이테

양심 더미

공원 관리자는 관광객이 돌려보낸 나무 화석을 쌓아 양심 더미를 만들었어요.

양심 더미는 사람들에게 다음과 같은 사실을 일깨워 줘요. 경이로운 지구의 자연을 보호하는 것은 우리 손에 달렸다고요.

21 어마어마한 지진이 나면...

지구가 종처럼 울려요.

강력한 지진이 일어나면, 지구가 진동하면서 대기에 음파를 보내요.
이 음파는 주파수가 너무 낮아서 우리 귀에는 들리지 않지만,
지구 주위를 도는 인공위성은 감지할 수 있어요.

지진이 나면서 발생하는 음파를
초저주파 불가청음이라고 해요.

초저주파는 지구에서부터 잔물결처럼
퍼져 나와 대기를 흔들어요.
이런 대기의 떨림을 인공위성이 감지해요.

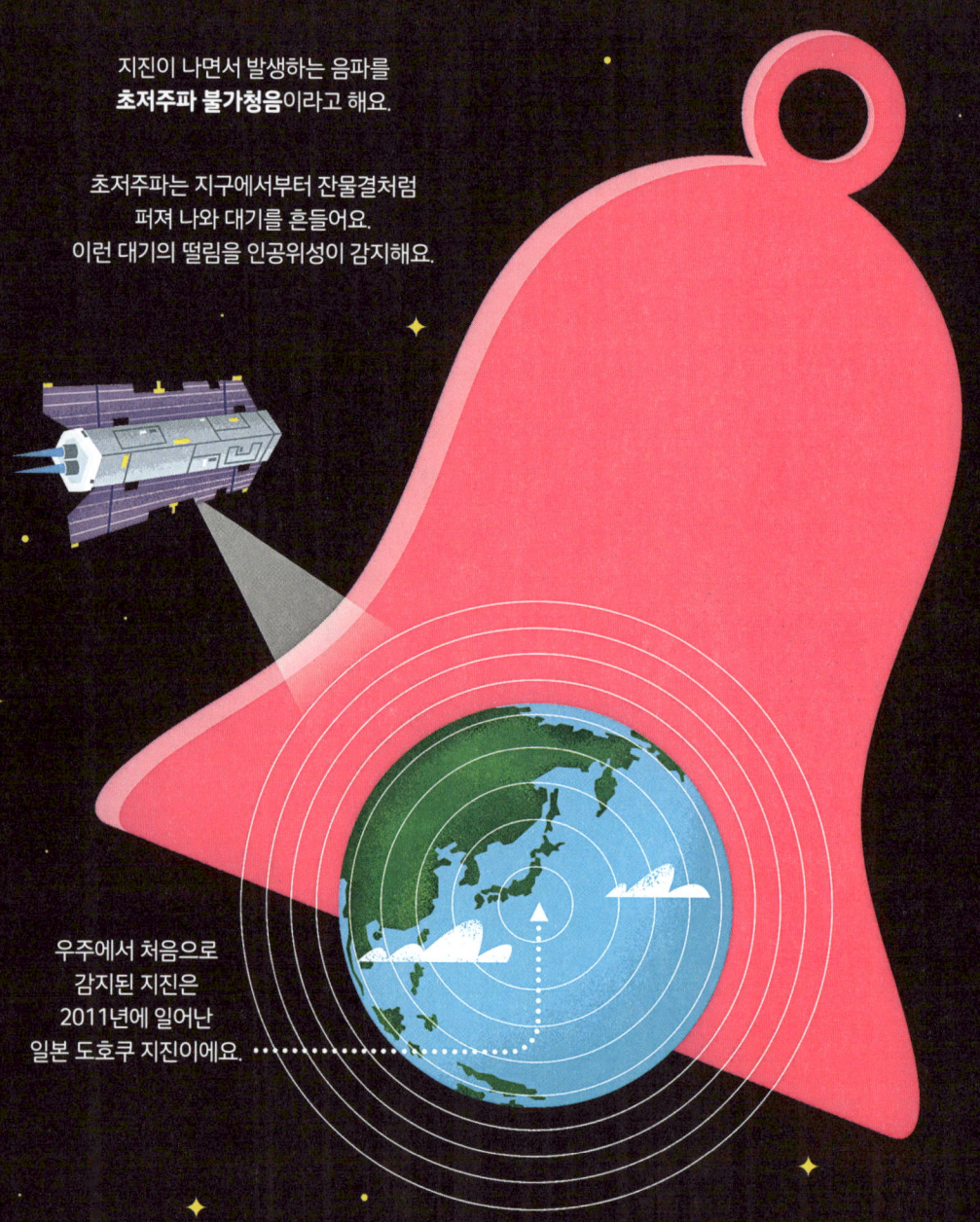

우주에서 처음으로
감지된 지진은
2011년에 일어난
일본 도호쿠 지진이에요.

초저주파 불가청음을 잡아내면, 과학자들은 지진이 처음에
어느 지점에서 발생했는지 정확히 알아낼 수 있어요. 그러면
피해가 큰 지역으로 긴급 구조대를 재빨리 보낼 수 있지요.

22 플라스티글로머리트는…

쓰레기로 만들어진 암석이에요.

지난 20여 년 동안, 세계 곳곳에서 새로운 암석이 등장했어요. 이 암석은 플라스티글로머리트(플라스틱괴)라고 하는데, 녹은 플라스틱이 모래와 조개껍데기와 자갈과 섞여서 만들어진 덩어리예요.

인간이 우연히 만들어 낸 것들이 또 있어요.

트리니타이트는 약한 방사능을 띠는 초록빛 유리 결정체예요. 1945년 미국이 핵폭탄 실험을 할 때 나온 열기에 석영과 장석이 든 모래가 녹아서 만들어졌어요.

플라스틱 물건에서 나온 정체 모를 수백 개의 플라스틱 조각들

플라스틱 포크

병뚜껑

플라스틱 밧줄

애브휴라이트는 주석이 바닷물에 노출되면서 형성된 광물이에요. 대개 주석이 든 화물을 실은 난파선 안에서 발견돼요.

플라스티글로머리트는 대개 플라스틱 쓰레기가 사방에 어질러져 있는 바닷가에서 사람들이 모닥불을 피운 뒤에 만들어져요.

워 샌드는 모래에 철과 강철과 유리의 작은 알갱이들이 섞인 거예요. 1944년 프랑스에 있는 노르망디 바닷가에서 벌어진 전투 때 생긴 총알과 폭탄의 잔해들이지요.

모래 속에 있던 플라스틱이 모닥불의 열기로 녹아내리면서 끈적거리고 단단한 덩어리가 돼요. 이런 플라스틱 덩어리는 몇 백 년 동안이나 사라지지 않아요.

23 지구는 직소 퍼즐 같아요…

하지만 절대 완성되지 못할 거예요.

지구 표면은 여러 개의 암석 판으로 이루어져 있어요. 이를 **지질 구조판**이라고 해요. 이 판들은 거대한 직소 퍼즐 같지요. 단, 조각들이 고정되어 있지 않다는 것을 제외하고요.

지질 구조판들은 아주 천천히 움직여서, 대륙과 바다를 배열하고 또 재배열해요.

지질 구조판의 움직임은 오늘날 우리가 아는 지구가 **2억 5천만** 년 후에는 매우 다르게 보일 것이라는 것을 의미해요.

그때 과학자들은 분리된 대륙들이 **판게아 프록시마**라는 새로운 초대륙을 형성하려고 함께 모일 것이라고 추측해요.

24 새로운 바다가…

아프리카 한복판에 형성되고 있어요.

2005년, 에티오피아에서 두 지각판 사이가 벌어지며 거대한 균열이 일어나기 시작했습니다.

홍해

다바후 균열

아덴만

두 지각판은 계속해서 해마다 2.5센티미터씩 움직이고 있습니다.

다바후 균열이라고 부르는 이 균열은 길이가 60킬로미터에 달하고, 처음 균열이 생긴 지 겨우 3주 만에 틈새가 8미터까지 벌어졌어요.

균열이 계속 이어지면, 가까이 있는 바닷물이 밀려들어서 거대한 바다가 새로 형성될 거예요.

뉴스 속보

채널 고정 : 과학자들은 앞으로 100만 년에서 1,000만 년 후에는 새로운 바다가 형성될 것이라 예측하고 있습니다.

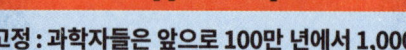

25 지구가 거대한 자석이라서…

태양풍으로부터 우리를 보호해 줘요.

액체 상태인 철이 지구의 핵 주위를 감싸며 소용돌이치고 있어요. 이때 형성된 강력한 **자기장**이 극에서 극으로, 그리고 우주 밖까지 뻗어 나가요. 이 자기장은 태양에서 오는 해로운 영향으로부터 지구를 보호해요.

태양은 **태양풍**이라고 하는 치명적인 입자를 내뿜어요.

자기장은 지구 주위로 **자기권**이라고 하는 방어벽을 형성해서 태양풍을 반사시켜요.

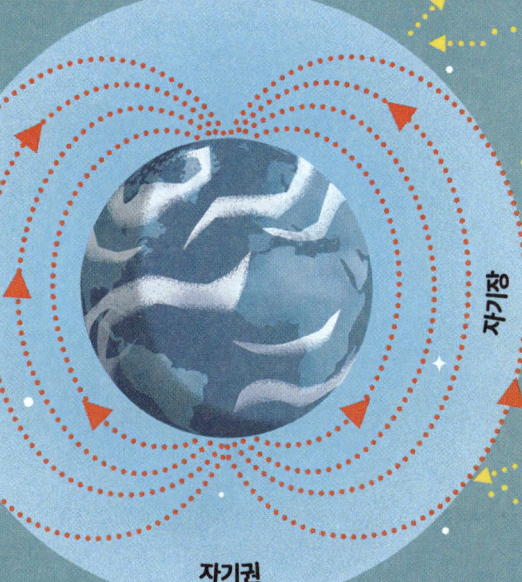

자기장

자기권

자기장이 없다면, 태양풍은 지구 대기를 서서히 벗겨 낼 거예요.

그러면 우리가 숨을 쉴 공기가 전혀 남아 있지 않겠지요.

26 바닷새의 똥은…

북극 기온을 낮게 유지시키는 데 도움이 돼요.

바닷새 무리는 여름마다 북극에 엄청난 양의 똥을 남기고 가요. 과학자들은 똥에서 나오는 냄새 나는 화학 물질인 암모니아가 중요한 냉각 효과를 발휘한다는 사실을 발견했어요.

풀머갈매기나 세가락갈매기, 바다오리 같은 바닷새 수백만 마리가 5월에서 9월 사이에 새끼를 낳으러 북극으로 이동해요.

바닷새들은 물고기를 엄청나게 많이 먹는데, 이것은 똥의 화학 구성에 영향을 미쳐요.

암모니아 입자

바닷새들의 똥이 분해될 때 암모니아가 나와요.

27 중력이 더 약할 수도 있어요…

세계 어떤 지점에서는요.

중력은 우리가 땅을 딛고 걸어 다닐 수 있도록 붙잡아 주는 힘이에요. 하지만 세계 어느 곳에서나 중력의 힘이 똑같지는 않아요. 연구 결과를 보면, 캐나다에 있는 허드슨만에서는 캐나다의 다른 지역보다 중력이 더 약하다고 해요. 이유는 다음과 같아요.

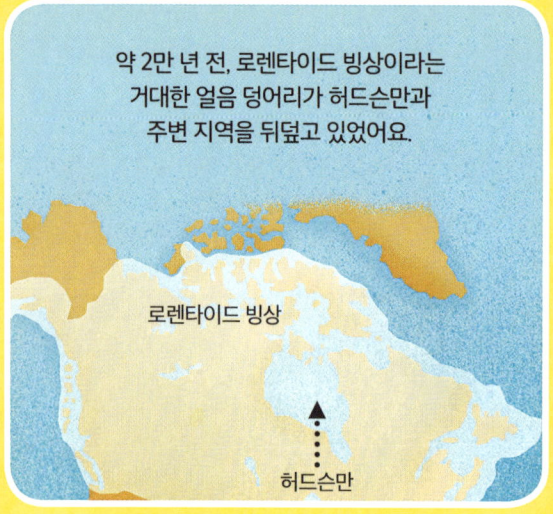

약 2만 년 전, 로렌타이드 빙상이라는 거대한 얼음 덩어리가 허드슨만과 주변 지역을 뒤덮고 있었어요.

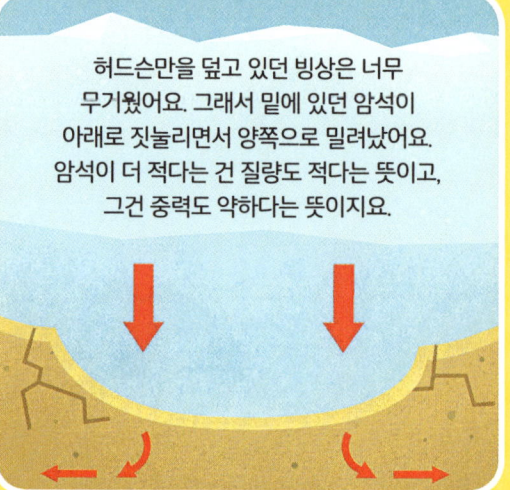

허드슨만을 덮고 있던 빙상은 너무 무거웠어요. 그래서 밑에 있던 암석이 아래로 짓눌리면서 양쪽으로 밀려났어요. 암석이 더 적다는 건 질량도 적다는 뜻이고, 그건 중력도 약하다는 뜻이지요.

그래서 허드슨만은 캐나다의 다른 지역보다 중력이 살짝 약해졌어요.

그렇다고 *이렇게 놀라운 광경이 펼쳐지진 않아요!*

암석은 다시 서서히 쌓여 갔고, 앞으로 5,000년이 더 흐르면 중력도 점점 강해질 거예요.

28 피처럼 빨간 비가…

한때 인도에 내렸어요.

2001년 7월부터 9월까지, 인도 남부 케랄라주에 빨간 빗방울이 떨어졌어요. 거리는 빨간색 물로 홍수가 났고 빨랫줄에 널은 옷들에는 빨간색 얼룩이 졌어요. 원인이 무엇인지 과학자마다 의견이 달랐지만, 시간이 지나면서 더 명확한 원인을 설명할 수 있었어요.

2001년 7월
내 생각에는 유성이 폭발해서 빨간색 가루가 흩날리는 거야.

2001년 11월
내 생각은 달라. 현미경으로 보니 빗방울 속에 **포자**가 있어. 포자는 홀씨라고도 하는 식물의 생식 세포인데, 이건 마치 조류*처럼 생겼네.

2003년
내 생각에 빨간색 포자는 다른 행성에서 온 것 같아. 외계인이 존재한다는 징표라고.

2015년
치, 말도 안 돼. 빗방울 속에 있던 빨간 조류 포자는 오스트리아에서 발견된 것과 똑같은 종류야.

가장 설득력 있는 설명은 유럽 어딘가에서 홍조류 포자가 케랄라까지 날아와 비처럼 내렸다는 거예요.

*조류 : 물속에 살며 광합성을 하는 하등생물.

29 우리는 지금 99번째 절…

34번째 세, 12번째 기, 3번째 대, 4번째 누대에 살고 있어요.

지구는 **45억 살**이 조금 넘었어요. 이토록 광범위한 시간을 잘 이해하기 위해서, 지질학자들은 기간을 **누대**로 나누었어요. 처음 세 누대는 각각 10억 년이 넘게 지속되었어요. 현재 4번째 누대는 다시 3**대**, 12**기**, 34**세**, 그리고 99**절**로 나뉘어요.

30 벌컨포인트는 섬인데…

섬에 있는… 호수 속에 있는… 섬에 있는… 호수 속에 있어요.

벌컨포인트섬은 작은 섬이었어요. 너비가 2킬로미터밖에 안 되는 중앙 화구호(화산 분화구에 생긴 호수) 한복판에 있었지요.

중앙 화구호는 1911년에 타알 화산이 폭발한 뒤에 생겨났어요. 그러나 2020년 화산 폭발로 벌컨포인트섬과 함께 사라지고 말았어요.

타알 호수 안에 타알 화산섬이 있어요.

벌컨포인트섬

중앙 화구호

타알 화산섬

타알 호수

10만 년에서 50만 년 전 사이에 루손섬의 화산이 폭발했어요. 이때 생긴 분화구를 타알 호수가 가득 채우고 있어요.

루손섬

루손섬은 필리핀에서 가장 큰 섬이에요.

태평양

루손섬

필리핀

태평양

31 어떤 번개는 특이하게도…

해파리 모양이에요.

천둥과 번개를 발생시키는 뇌운에서는 작은 얼음 입자들이 서로 마찰을 일으켜요. 이때 정전기가 생겨나 번개가 치게 돼요. 그런데 모습이 특이한 번개도 있어요. 해파리 정령이라는 특이한 번개는 보통 형성되는 일반적인 번개와는 달라요.

1989년, 우주 왕복선에 실린 카메라에 거대한 섬광이 찍혔어요. 뇌운 위 높은 곳에서 주황과 빨강으로 번득이는 번개였어요. 모양이 해파리 같다고 해서 해파리 정령이라는 이름이 붙었어요.

과학자들은 그런 번개가 나타난 정확한 원인을 아직도 조사하고 있어요. 번개는 대개 구름 안쪽에서 만들어지는데, 해파리 정령은 먹구름 위쪽 높은 곳에서 일어나요.

해파리 정령 번개는 아주 드물게 생겨나요. 그래서 과학자들이 연구하기가 더 어려워요.

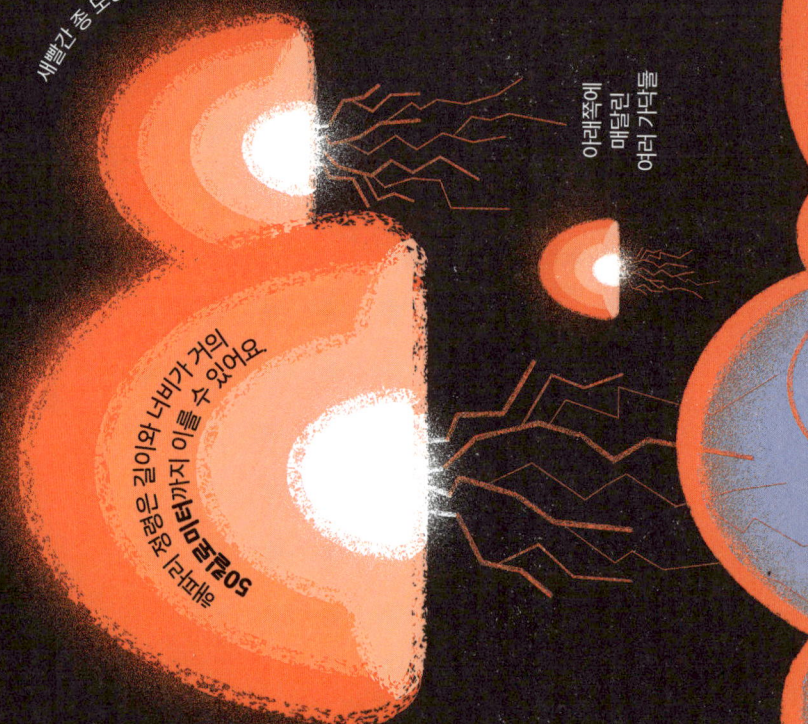

새빨간 종 모양

아래쪽에 매달린 여러 가닥들

해파리 정령은 길이와 너비가 거의 50킬로미터까지 이를 수 있어요

똑같은 조건에서 천둥과 번개가 생기기도 해요. 아래와 같은 예들이 그런 경우예요.

32 대기에 구멍이 나면…

저절로 아물어요.

지구는 **오존층**이라는 기체의 보호막이 감싸고 있어서, 뜨거운 태양열로부터 지구를 보호해 줘요. 화학 물질로 인한 오염 때문에 남극 대륙 위쪽 오존층에 구멍이 났는데, 저절로 회복하고 있는 듯해요.

남극 오존층에 난 구멍은 **1980년대**에 처음 발견되었어요. 사람들이 사용한 화학 물질, 특히 스프레이 캔에 쓰인 염화불화탄소(CFC) 때문에 심각한 수준까지 구멍이 커졌어요.

1989년, 구멍이 더욱 커지는 것을 막기 위해 세계적으로 염화불화탄소 사용을 금지했어요. 과학자들은 이제 구멍이 더는 커지지 않는다고 생각했는데, 사실은 구멍이 줄어들기까지 하는 것 같았어요.

대기에서 염화불화탄소가 사라지자, 오존층이 두꺼워졌어요. 지금까지 시행한 환경 규제 중에서 염화불화탄소 규제가 가장 효과가 컸다고 생각돼요.

33 빙하에 생명체가 없는 듯하지만…

사실은 작은 생물체들이 와글와글 살고 있어요.

빙하는 꽁꽁 얼어 있어서 생명체라고는 하나도 없는 곳 같아요. 하지만 **빙하 이끼** 속에, 현미경으로만 보이는 작은 생물들 수천 마리가 자리 잡고 있어요. 보송보송한 이끼 덩이들이 바람 따라 데굴데굴 굴러다니는데, 크기가 생쥐만 해서 '**글레시어 마이스**(Glacier Mice)'라고도 불러요.

빙하 이끼는 어떻게 생겨났을까요? 자갈이나 쓰레기 덩이 주위에서 자라던 이끼가 빙하 표면을 굴러다니다가 만들어졌어요.

빙하 이끼들이 굴러가다 서로 쿵 부딪치면, 이끼 속 생물들이 튀어 올라 새로운 이끼로 옮겨 갈 수도 있어요.

34 지구의 기후가 변하면…

복장이 새롭게 바뀔지 몰라요.

석유와 석탄을 불에 태우면 이산화탄소가 발생해요. 이산화탄소는 대기에 열을 가두는 온실가스예요. 과학자들은 앞으로 100년 후에는 지구 평균 기온이 **2~8도** 넘게 올라갈 거라고 예측해요. 그러면 우리는 어떻게 될까요? 좋은 변화는 하나도 없을 거예요.

기온 상승을 멈추지 못한다면, 지구를 위협하는 여러 문제를 겪게 될 거예요.

어쩌면 생존을 위해 기후 재앙에 대비해 다음과 같은 옷을 입고 다닐지 몰라요.

구명 조끼

산소통

날씨 예보 앱

무게를 더한 신발

극한의 날씨
기온이 오르면, 태풍이나 홍수 같은 천재지변이 더 흔하게 발생하고, 더욱 강력해질 거예요.

해수면 상승
빙하와 극지방의 얼음이 녹으면, 해수면이 약 **70미터**는 올라가서 해안가에 있는 지역과 도시, 또는 온 나라가 물에 잠길 거예요.

긴 장화

죽은 생물 집계 기록표

전염병을 옮기는 박테리아

공기 정화 장치

산성 바다

바다에 이산화탄소가 많이 녹아들면 바닷물은 갈수록 산성화가 돼요. 그러면 물고기와 산호가 죽어서 물만 남고 아무것도 없이 황폐해질 거예요.

고대 질병

천연두와 림프절 페스트처럼, 질병을 일으키는 바이러스와 박테리아가 오랫동안 극지방의 얼음 속에 얼어붙어 있어요. 이 얼음들이 녹아 상수도로 흘러들면, 전 세계 사람들이 감염될 수 있어요.

먼지 방지 고글

물주머니 팩

핵폭탄 발사 장치

전쟁 훈장

가뭄과 건조 지대

심각한 가뭄이 흔하게 일어날 거예요. 현재 비옥한 땅에서도 작물이 제대로 자라기 어려울 만큼 너무 더워졌어요. 숲과 농지가 사라지고 식량이 부족해질지 몰라요.

새로운 전쟁

줄어든 식량 공급 문제와 신선한 물과 농지의 접근권을 둘러싸고 국제적인 싸움이 벌어져 세계 전쟁으로 이어질 수 있어요.

45

35 거대 자갈은 왕자갈보다 크고…

자갈에도 서열이 있어요.

지질학자에게 돌덩어리는 절대 그냥 덩어리가 아니에요. 지질학자들은 **어든-웬트워스 분류 척도**에 따라 큰 자갈, 왕자갈, 자갈 그리고 왕모래 등 세밀하게 구분해요.

아래와 같이 지름에 따라 구분해요.

거대 자갈(표력)
크기 범위 : 256밀리미터보다 큰 것

왕자갈
크기 범위 : 64~256밀리미터

자갈
크기 범위 : 4~64밀리미터

왕모래
크기 범위 : 2~4밀리미터

모래
크기 범위 : 0.06~2밀리미터

모래보다도 더 작은 알갱이들은 눈으로 보기 힘들지만, 그래도 계속해서 분류해요.

실트(가늘고 고운 모래)…

…그리고 **점토**로요.

실트 입자는 매우 작아요. 하지만 점토 입자는 그보다도 훨씬 더 작아요.

36 그라피티로…

여러 생물 종을 구해 냈어요.

해마다 멸종 위기에 처한 동물 수천 마리가 불법으로 거래되고 있어요. 애완동물로 팔리거나, 값어치 나가는 몸 부위가 팔려요. 희귀한 쟁기거북처럼 특정 종을 구하기 위해서, 환경 보호가들은 극단적인 방법을 쓰고 있어요.

쟁기거북은 등딱지가 검은색과 금색으로 아름다워요. 어떤 사람들은 이 등딱지에 끌려서 쟁기거북을 특이한 애완동물로 키우고 싶어 해요.

이런 불법 거래 때문에 쟁기거북은 멸종 위기를 맞게 되었어요. 야생에 100마리도 남지 않았거든요.

등딱지에 스프레이로 그라피티를 해 놓으니 쟁기거북이 훨씬 값어치가 떨어져 보여요.

코뿔소를 보호하기 위해서도 비슷한 방법을 썼어요. 불법 밀렵꾼들은 코뿔소를 사냥해서 뿔을 팔아먹어요. 그래서 환경 보호가들은 코뿔소의 뿔들을 안전하게 제거했어요. 밀렵꾼들에게 가치 없는 동물로 만들려고요.

이런 방법 또한 동물을 해치는 것인지 아닌지 분명하지 않기 때문에 논란의 여지가 많아요. 하지만 그런 방법을 쓴 동물들의 불법 거래가 줄어든 것만은 사실이에요. 그래서 많은 사람들이 해 볼 만한 시도였다고 생각하고 있어요.

37 지구에서 가장 건조한 곳은…

남극에 있어요.

남극 서쪽의 눈과 얼음 한복판에는 맥머도 드라이밸리라는 곳이 쭉 펼쳐져 있어요. 건조하고, 강한 바람에 노출된 곳이지요. 지구에서 그 어느 곳보다도 건조해요. 심지어 칠레에 있는 아타카마 사막보다도 건조해요(20쪽 참조).

올해의 추천 여행지
맥머도 드라이밸리

이곳은 빙하가 산처럼 막아서 있어 **활강 바람**이 불어요. 건조하고 따뜻하고 얼지 않지요.

활강 바람은 차가운 공기가 중력에 이끌려 산비탈을 타고 불어 내려올 때 형성돼요. 차가운 바람이 점점 더 따뜻해져서, 물과 눈과 얼음을 모두 증발시켜요.

교통 체증이 지긋지긋하다고요? 드라이밸리에는 **도로가** 없어요!

38 섬이 새로 생겨나면…

새로운 야생 동물도 점점 늘어나요.

어떤 섬은 육지에서 일부 지역만 영구적으로 떨어져 나와서 형성되기도 해요. 그렇게 수백만 년이 흐르는 사이, 섬에서 자라는 동식물은 원래 육지에서 자라는 동식물과는 서로 다른 특색을 발달시켜요. 그래서 다른 곳에서는 볼 수 없는 동식물을 섬에서 많이 볼 수 있어요.

마다가스카르섬이 바로 이런 경우에 속해요. 이 섬에 사는 동식물의 90퍼센트 정도가 **토종 생물**이에요. 마다가스카르섬 말고는 세상 그 어디에도 야생에서는 살지 않는 종이라는 뜻이지요. 여우원숭이도 마다가스카르섬의 토종 생물인데, 약 120종이 있어요.

호랑꼬리여우원숭이
학명 : *Lemur catta*
(리머 카타)

비단시파카
학명 : *Propithecus candidus*
(프로피테쿠스 칸디두스)

아이아이
학명 : *Daubentonia madagascariensis*
(다우벤토니아 마다가스카리엔시스)

마다가스카르 후투티
학명 : *Upupa marginata*
(우푸파 마르기나타)

포사
학명 : *Cryptoprocta ferox*
(크립토프록타 페록스)
고양이와 비슷한 포유동물이에요.

로랜드줄무늬텐렉
학명 : *Hemicentetes semispinosus*
(헤미센테테스 세미스피노수스)
가시털이 있고 벌레를 먹고 살아요.

세계 모든 카멜레온의 3분의 2가 마다가스카르섬에 살아요. 그중에는 세상에서 가장 작은 카멜레온인 브루케시아 미크라도 있어요.

실제 크기

39 지구에 있는 모든 나무에는…

핵폭탄의 발명이 기록되어 있어요.

핵무기는 1945년에 처음으로 폭발되었어요. 그때 이후로, 전 세계의 과학자들은 더 새롭고, 더 크고, 더 치명적인 핵폭탄을 개발하고 실험하려고 경쟁했어요.

1950년대와 1960년대, 세계 곳곳에서 수백 번이나 핵폭탄 실험을 했어요. 대부분은 야외에서 실험이 이루어졌지요.

핵폭탄 실험 때 **중성미립자**라는 작은 입자들이 홍수처럼 쏟아져 나와 대기와 반응했어요. 그러자 드물게 존재하던 탄소 원자인 **탄소-14**가 폭발적으로 늘어났어요.

탄소-14는 전 세계에 퍼졌어요. 전 세계 모든 나무들은 공기에서 탄소-14를 흡수하여 몸통에 저장했어요.

핵폭탄 폭발 후
핵폭탄 폭발 전

나무 몸통에 저장된 탄소-14는 맨눈에는 보이지 않아요. 하지만 과학자들이 1950년대에 살아 있던 나무에서 조각을 떼어 내 실험해 보자, 탄소-14의 수치가 갑자기 껑충 뛰어오른 것을 발견했어요.

핵 실험이 많이 줄어들면서, 탄소-14의 수치도 서서히 떨어지고 있어요.

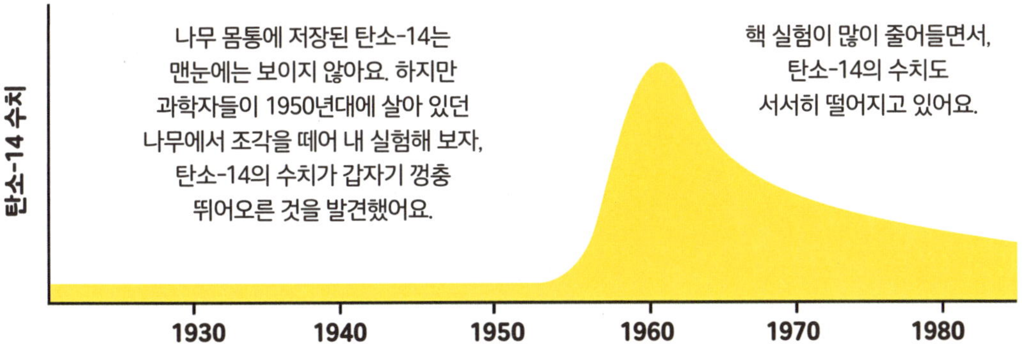

탄소-14 수치

1930 1940 1950 1960 1970 1980

40 늑대 한 무리가…

강물의 흐름을 바꿨어요.

미국에서 농장과 가축을 보호하기 위해 사냥꾼들이 늑대들을 옐로스톤 국립 공원에서 내몰았어요. 그러자 국립 공원의 야생 동물뿐만이 아니라 공원의 풍경에도 뜻하지 않은 결과를 가져왔어요.

1926년, 옐로스톤 국립 공원

늑대가 사라지자, 말코손바닥사슴이 폭발적으로 늘어났어요.

라마강

포플러 나무

너무 많은 말코손바닥사슴이 먹어 치워서, 포플러 나무가 점점 사라져 갔어요.

흙을 단단히 붙잡아 주는 나무뿌리가 부족해지자, 강둑이 서서히 무너져 내렸어요.

강둑이 무너지자 강물은 더욱 빠르게, 더욱 구불구불 흘러갔어요.

1995년, 옐로스톤 국립 공원

말코손바닥사슴의 수가 약 2만 마리까지 치솟았어요.

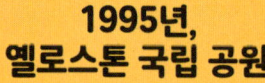

어린 포플러 나무는 풍성하게 다 자랄 때까지 살아남지 못했어요.

환경 보호자들은 공원에 늑대 한 무리를 다시 불러들였어요.

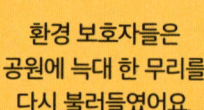

아우아아아아아우우

늑대들은 다시 말코손바닥사슴을 사냥하기 시작했어요.

41 골짜기에서 말하면…

잠수함이 들어요.

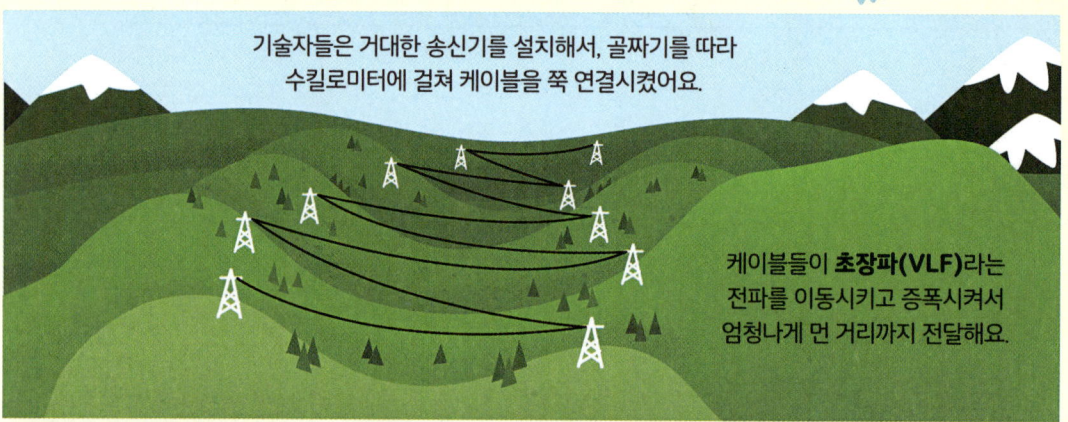

42 우연히 생긴 보호막이…

지구를 안전하게 보호해요.

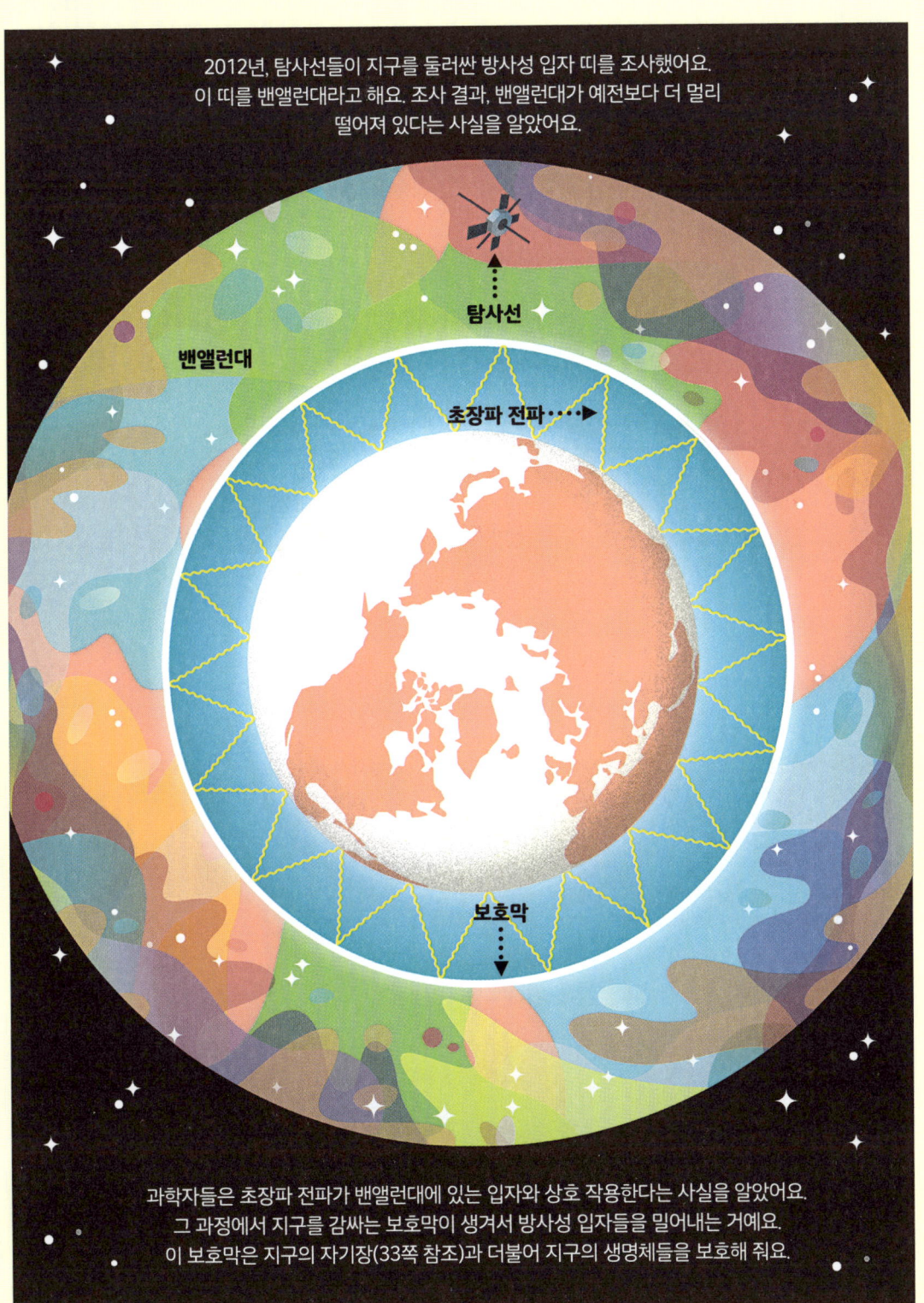

2012년, 탐사선들이 지구를 둘러싼 방사성 입자 띠를 조사했어요. 이 띠를 밴앨런대라고 해요. 조사 결과, 밴앨런대가 예전보다 더 멀리 떨어져 있다는 사실을 알았어요.

탐사선

밴앨런대

초장파 전파

보호막

과학자들은 초장파 전파가 밴앨런대에 있는 입자와 상호 작용한다는 사실을 알았어요. 그 과정에서 지구를 감싸는 보호막이 생겨서 방사성 입자들을 밀어내는 거예요. 이 보호막은 지구의 자기장(33쪽 참조)과 더불어 지구의 생명체들을 보호해 줘요.

43 사스트루기, 펀, 프레이질은···

모두 눈과 얼음의 일종이에요.

눈과 얼음은 물이 얼어서 만들어져요. 하지만 태양이나 바람, 기온과 압력 같은 변수들에 따라 셀 수 없이 많은 형태와 특징들이 생겨요. 그런 것들은 각각 예쁜 이름을 가지고 있어요.

아래 단어는 모두 눈과 얼음을 일컫는 말이에요.

커니스(cornice, 눈 처마)
바람에 날려 온 눈이 특히 산등성이에 모여 처마처럼 쑥 튀어나온 부분.

유키마리모(yukimarimo)
회전초(뿌리에서 분리되어 바람에 굴러다니는 식물)처럼 둥글게 뭉쳐서 남극을 굴러다니는 서리.

사스트루기(zastrugi)
단단히 굳은 눈이 바람에 깎여 생긴 모양.

윈드슬랩(windslab)
바람에 날린 눈이 촘촘히 쌓인 층으로, 바람이 가려지는 곳에 생겨요.

오파이스(aufeis)
얼음이 층층이 쌓인 덩어리.

싸라기눈(graupe)
빗방울이 갑자기 찬 바람을 만나 얼어서 떨어지는 쌀알같이 생긴 눈.

펀(firn)
내린 지 1년 이상 되었지만 아직 얼음으로 굳지 않은 눈.

세락(serac)
빙하에서 크레바스(빙하 표면에 생긴 깊고 좁은 틈)가 교차하는 지점에 형성된 얼음 탑.

물린(moulin, 빙하 구혈)
물이 흐르면서 빙하를 깎아 생긴 수직 통로.

닐라스(nilas)
두께가 10센티미터까지도 이르는 해빙 판으로, 휘어지기도 해요.

프레이질(frazil ice, 연한 얼음)
제각각으로 형성된 얼음 결정들이 슬러시처럼 살짝 얼어서 물에 떠 있는 것을 말해요.

폴리니아(polynya)
자연스럽게 형성된 탁 트인 수역으로 떠다니는 해빙에 둘러싸여 있어요.

앵커아이스(anchor ice)
닻(앵커)을 내린 듯이 해저나 호수 바닥에 붙어 있는 물속 얼음.

크러스트(crust)
기온이나 햇빛, 비바람 때문에 표면이 녹았다가 다시 얼어서 굳어진 상태의 눈을 말해요.

44 지구에서 가장 외딴곳에서는…

육지보다도 우주가 더 가까워요.

지구에서 가장 가기 힘든 곳은 태평양에 있는 **해양도달불능점**이에요.

해양도달불능점은 **포인트 니모**라고도 불러요. 이곳은 지구에 있는 육지에서 가장 멀리 떨어진 지점이에요.

태평양

포인트
✕
니모

남아메리카

지표면에서 **100킬로미터** 위쪽부터 우주라고 여기는데 포인트 니모에서 가장 가까운 육지는 **2,688킬로미터**나 떨어져 있어요.

남극

국제 우주 정거장

국제 우주 정거장은 하루에 16번씩 지구 주위를 돌아요. 포인트 니모 바로 위를 지날 때의 높이가 **408킬로미터**인데, 이때 우주 비행사가 포인트 니모에 가장 가까이 있는 사람들이 돼요.

45 하루에 풍선 기구 1,600개가…

날씨 예보를 정확히 하는 데 도움을 줘요.

날씨는 높은 하늘에서 측정하는 게 가장 정확해요. 세계 곳곳의 800군데 장소에서 기상학자들이 *12시간마다* 새로운 기상 관측 기구를 띄워 올려요. 기상 변화를 파악하고 예측하기 위해서예요.

펑!

풍선 기구가 송신기를 매달고 위로 떠올라요. 송신기는 지상 관측소에 매우 다양한 정보를 보내 줘요.

펑!

풍선은 해발 고도 **40킬로미터**까지 도달하면 펑 터져요.

자료가 전송되고 있어요.
습도와 기온
오존 수치와 오염도
강풍과 눈보라
기압

이렇게 받은 자료로 과학자들은 앞날의 날씨를 더욱 정확히 예측할 수 있어요.

46 쓰나미 표석은…

앞으로 생길지 모를 재앙을 경고해요.

옛날부터 일본은 **쓰나미**에 시달려 왔어요. 쓰나미는 대개 지진 때문에 생기는 어마어마한 해일을 말해요. 일본 선조들은 미래 세대에게 경각심을 주기 위해 **쓰나미 표석**에 글을 새겨 해안가에 세워 두었어요.

쓰나미가 일면, 바닷물이 육지 깊숙한 곳까지 덮칠 수 있어요. 배와 집과 도시를 통째로 휩쓸어 가요.

쓰나미 표석은 파도가 닿았던 가장 높은 지점에 세워요.

표석에는 파괴적인 위험이 물러간 듯이 보여도 계속 위험할 수 있다고 적혀 있어요.

쓰나미가 이 높이까지 덮친 사실을 기억하고, 이 밑으로는 집을 짓지 마라.

아래 일본 지도에 표시된 빨간색 삼각형은 수백 개의 표석이 있는 곳이에요.

가장 오래된 것은 600년도 더 전에 세워졌어요.

쓰나미는 여전히 위협적이지만, 일본에는 현재 바다에 띄운 부표와 위성을 이용한 조기 경보 시스템이 마련되어 있어요. 쓰나미 표석과 더불어 더 많은 사람을 구하는 데 도움이 될 거예요.

47 북극여우들은…

훌륭한 정원사예요.

북극권 근처의 나무 없는 평원은 땅이 늘 얼어 있고 식물이 거의 자라지 않아요. 하지만 황폐한 풍경 여기저기에 생명으로 가득한 작은 정원들이 있어요. 그 하나하나가 북극여우의 굴이 있는 곳이에요.

땅속에 여우 굴이 있는 곳 주변은 땅에 영양분이 많아요. 여우가 싼 똥과 오줌, 먹다 남은 먹이 덕분이에요.

많은 종류의 식물들이 이 영양분으로 자라나요. 이로 인해 여우 굴은 초식 동물이나 죽은 동물을 먹는 동물을 끌어들여요.

안녕, 잘 지내?

좋은 아침이야, 빌.

북극여우들은 보통 해마다 여섯 마리에서 열 마리까지 새끼를 낳아요.

북극 땅 대부분은 땅속이 1년 내내 얼어 있는 영구 동토층이에요.

48 남극은 숲으로 뒤덮여 있었어요...

1억 년 전에요.

오늘날 남극은 얼음으로 뒤덮인 황량한 곳이에요. 하지만 화석을 보면 1억 년 전에 남극은 울창한 숲이었다는 사실을 알 수 있어요. 나무가 자라려면 햇빛을 받아야 하는데, 남극은 일 년에 수개월씩 완전히 어두워져요. 그래서 과학자들은 이 숲이 실제로 어떻게 살아남았을지에 특히 관심이 많아요.

식물들은 햇빛에서 살아가는 데 필요한 에너지를 얻는데, 이 과정을 **광합성**이라고 해요. 하지만 몇 개월에 걸친 깜깜한 겨울 동안 남극의 숲은 빛에 굶주렸을 거예요.

1억 년 전, 남극

49 남극이 얼었어요...

히말라야산맥이 솟아오른 뒤부터요.

3,400만 년 전쯤, 지질 구조판들이 남아시아 땅속에서 부딪쳤어요. 이로 인해 히말라야산맥이 솟아올랐고, 놀라운 결과를 가져왔어요.

3,400만 년 전, 남아시아

지각판들이 서로 밀면서 **히말라야산맥**이 점점 위로 솟구쳤어요.

더욱 많은 암석이 비바람에 드러났어요. 이렇게 추가로 나온 모든 암석들은 대기에 있는 이산화탄소를 흡수했어요.

움직이는 지각판

과학자들은 24시간 내내 해가 빛나는 여름에 나무들이 어마어마하게 많은 에너지를 저장했을 거라고 생각해요.

식물들은 미리 저장해 둔 에너지로 깜깜한 겨울의 몇 달을 살아갔을 거예요.

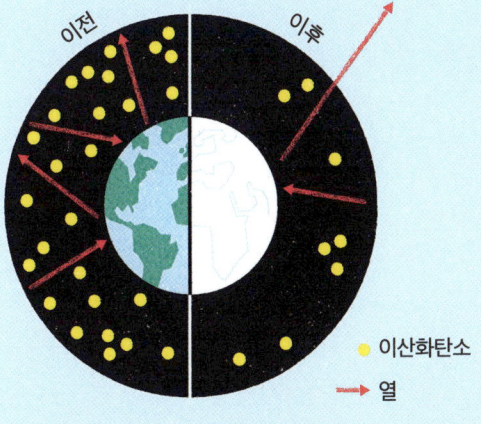

공기 중에 있는 이산화탄소(CO_2)는 지구 대기 안에 열을 가두는 역할을 해요.

이전 / 이후

● 이산화탄소
→ 열

암석들이 이산화탄소를 더욱 흡수하여 대기에 이산화탄소가 부족해질수록, 더욱 많은 열이 대기 밖으로 빠져나갔어요. 과학자들은 이때 지구의 기온이 8도까지 내려가 빙하기에 접어들었다고 생각해요.

급작스럽게 추워진 시기에 남극은 꽁꽁 얼어붙었어요. 그때 이후로 남극은 영구 얼음으로 뒤덮이게 되었어요.

부르르

히말라야산맥에서 1만 3,000킬로미터 → 　　　오늘날의 남극

50 다이아몬드가 이동했어요...

소리보다도 빠르게요.

다이아몬드는 깊은 땅속에서 형성돼요. 지구 표면에서 적어도 150킬로미터 밑에서요. 그런데 다이아몬드는 어떻게 사람이 캘 수 있는 곳까지 이동했을까요?

비결은 화산 분출물의 통로인 **화산도**에 있어요. 다이아몬드는 화산도에 실려 소리보다도 빠르게 이동해요.

② 화산도는 **마그마**라고 하는 녹은 암석이 맨틀에서 지각으로 곧장 분출할 때 생겨요. (이렇게 분출하는 경우는 극히 드물어요.)

지각
맨틀

① 다이아몬드는 맨틀에서 탄소가 높은 압력과 열을 받을 때 만들어져요. 맨틀은 지각 아래에 있는 두터운 암석층이에요.

③ 다이아몬드는 마그마의 흐름을 따라 이동해요.

땅속의 암석을 녹이는 열기 속에서도 다이아몬드는 타서 없어지지 않아요. 맨틀 속에는 불을 일으키는 산소가 없거든요.

④ 마그마에 들어 있는 물과 이산화탄소는 위로 올라가면서 팽창하여 기체 거품이 돼요. 샴페인에서 코르크 마개가 팡 빠지듯이, 이 기체가 마그마를 밀어 올려요.

⑥ 분출된 뒤, 마그마는 차갑게 식어서 **킴벌라이트**라는 암석이 돼요. 이 암석 속에서 다이아몬드를 채굴할 수 있어요.

⑤ 지표면에 가까워질수록 분출물은 소리보다도 더 빠르게 이동해요.

51 다이아몬드로 만들어진 도시는…

크레이터 안에 세워졌어요.

중세 시대에 독일의 도시인 뇌르틀링겐에 세워진 벽을 자세히 들여다보면, 수없이 많은 돌이 점점이 반짝이는 걸 발견할 수 있어요. 현미경으로만 볼 수 있는 다이아몬드예요.

1,500만 년 전
거대한 운석이 떨어지자, 압력과 열의 충격으로 운석이 부서졌어요. 이때 운석에 들어 있던 탄소가 눈에 보이지 않을 만큼 작은 다이아몬드로 변했어요.

운석이 떨어진 자리에는 24킬로미터에 이르는 크레이터*와 다이아몬드가 가득 박힌 암석이 남았어요. 나중에 이 암석들은 뇌르틀링겐 도시를 세울 때 쓰였어요.

오늘날의 뇌르틀링겐
성 게오르그 교회에는 약 5,000캐럿, 거의 **1킬로그램**에 달하는 다이아몬드가 포함되어 있어요.

*크레이터 : 화산 활동이나 운석의 충돌에 의해 생긴 움푹 파인 큰 구덩이 모양의 지형.

52 우주 먼지에서…

모든 행성이 탄생했어요.

1
46억 년 전 무렵, 태양계는 새롭게 태어난 태양을 품고 있었어요. 그리고 **애크리션 디스크**라는 우주 먼지가 회전 원반 형태로 태양계를 둘러싸고 있었어요.

2
애크리션 디스크에 있는 먼지 입자들은 눈에 보이지 않을 만큼 작은데, 이 입자들이 태양 주위를 돌면서 서로 부딪쳤어요.

"이리 와, 친구!"

3
어떤 먼지 입자들은 충돌하다가 서로 붙어서 빙빙 돌기 시작했어요.

4
먼지 입자들은 천천히 더욱 많은 우주 먼지를 끌어당겼어요. 그러면서 점점 더 큰 먼지 입자 덩어리를 만들어 갔어요.

5
수백만 년이 흐르는 동안, 먼지 덩어리 하나가 태양 주위를 돌면서 자신의 축을 중심으로 회전하며 '지구'라는 행성을 형성해 갔어요. 같은 과정으로 태양계에 다른 행성들도 생겨났어요.

 수성  금성  지구  화성  목성 토성 천왕성 해

53 지구에서 가장 오래된 것은…

지구보다도 더 오래되었어요.

지구는 약 **45억 4,000만 년 전**에 생겨났어요.

NWA 11119는 야구공만 한 운석이에요. NWA는 북서 아프리카 (Northwest Africa)의 약자로, 2016년에 북서 아프리카에 있는 모리타니 공화국의 모래 언덕에서 발견되었어요. 이 운석은 약 **45억 6,000만 년 전**에 생겨났어요.

NWA 11119 운석이 생겨났을 무렵에는 지구를 포함하여 네 개의 암석 행성은 우주 먼지 상태로 태양 주위를 돌고 있었어요.

태양

수성

금성

지구

화성

54 산에 난 불이…

6,000년 동안이나 활활 타오르고 있어요.

오스트레일리아에 있는 윙겐산은 '불타는 산'이라고도 불러요.
험한 비탈면 밑에 있는 석탄층이 수천 년 동안 타고 있기 때문이에요.

과학자들은 번개가 치거나 산불이 나면서 맨 처음 불이 붙었을 거라고 생각하고 있어요.

지구 표면이 열과 비를 막아 주어서, 한 번 불이 붙은 이후로 석탄이 계속해서 타오르고 있어요.

석탄층을 보여 주는 단면 그림

현재도 땅속 석탄 화재는 세계에서 **1,000건**이 넘게 일어나고 있어요. 그중에서 윙겐산이 가장 오래되었어요.

55 포로로카 파도를 타면…

육지 안쪽까지 몇 킬로미터나 들어갈 수 있어요.

브라질에 있는 과마강은 대서양으로 흘러가요. 그런데 한 달에 적어도 두 번은 강한 조수 때문에 방향이 반대로 바뀌어요. 이런 현상을 브라질에서는 **포로로카**라고 부르고, 과학자들은 **조석 해일**이라고 해요. 강어귀에서 조수가 파도를 이루어 강 안쪽으로 밀려드는 현상이에요.

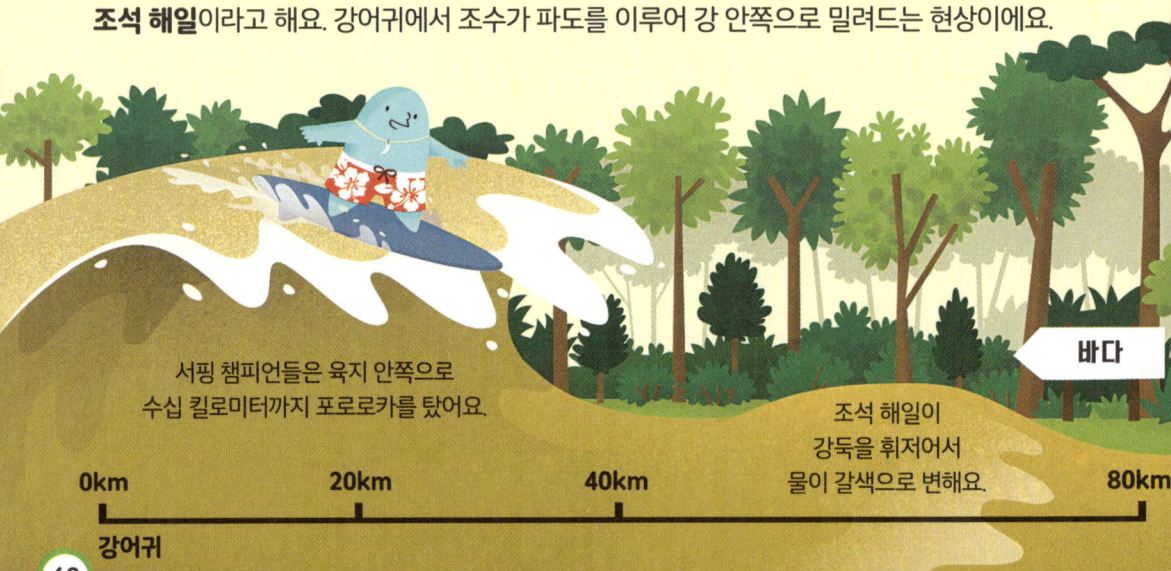

서핑 챔피언들은 육지 안쪽으로 수십 킬로미터까지 포로로카를 탔어요.

바다

조석 해일이 강둑을 휘저어서 물이 갈색으로 변해요.

0km　　　20km　　　40km　　　　　　80km

강어귀

56 땅속 도깨비들이…

광부들에게 독을 내뿜었어요.

16세기, 중부 유럽에 있는 에르츠산맥에서 구리가 든 광석을 캐는 광부들이 환각에 빠지고 건강이 나빠지기 시작했어요. 이들은 광석에 산다는 도깨비, **코볼트**가 내뿜는 독에 중독되었다고 생각했어요. 이 도깨비 이름에서 '코발트'라는 금속 이름도 유래했어요.

사실, 진짜 원인은 광부가 광석을 캘 때 **비소**라는 유독 가스가 나왔기 때문이에요.

게다가 광석을 녹여서 구리를 빼낼 때는 **산화 비소**라는 더욱 독한 화학 물질이 발생했어요.

한참 지난 뒤인 18세기에, 스웨덴 과학자는 광석에 아무도 본 적 없는 또 다른 금속이 있다는 사실을 발견했어요. 과학자는 이 금속에 도깨비 코볼트의 이름을 본 따 '코발트'라고 이름 붙였어요.

57 알린은…
허리케인 이름으로 가장 흔히 쓰여요.

열대 폭풍우에는 정확한 보도와 비상시 신속한 대응을 위해 국제적으로 인정받은 이름을 붙여요. 각 이름들을 해마다 새로 정하지요. 하지만 이름을 선택하는 일은 언제나 복잡해요.

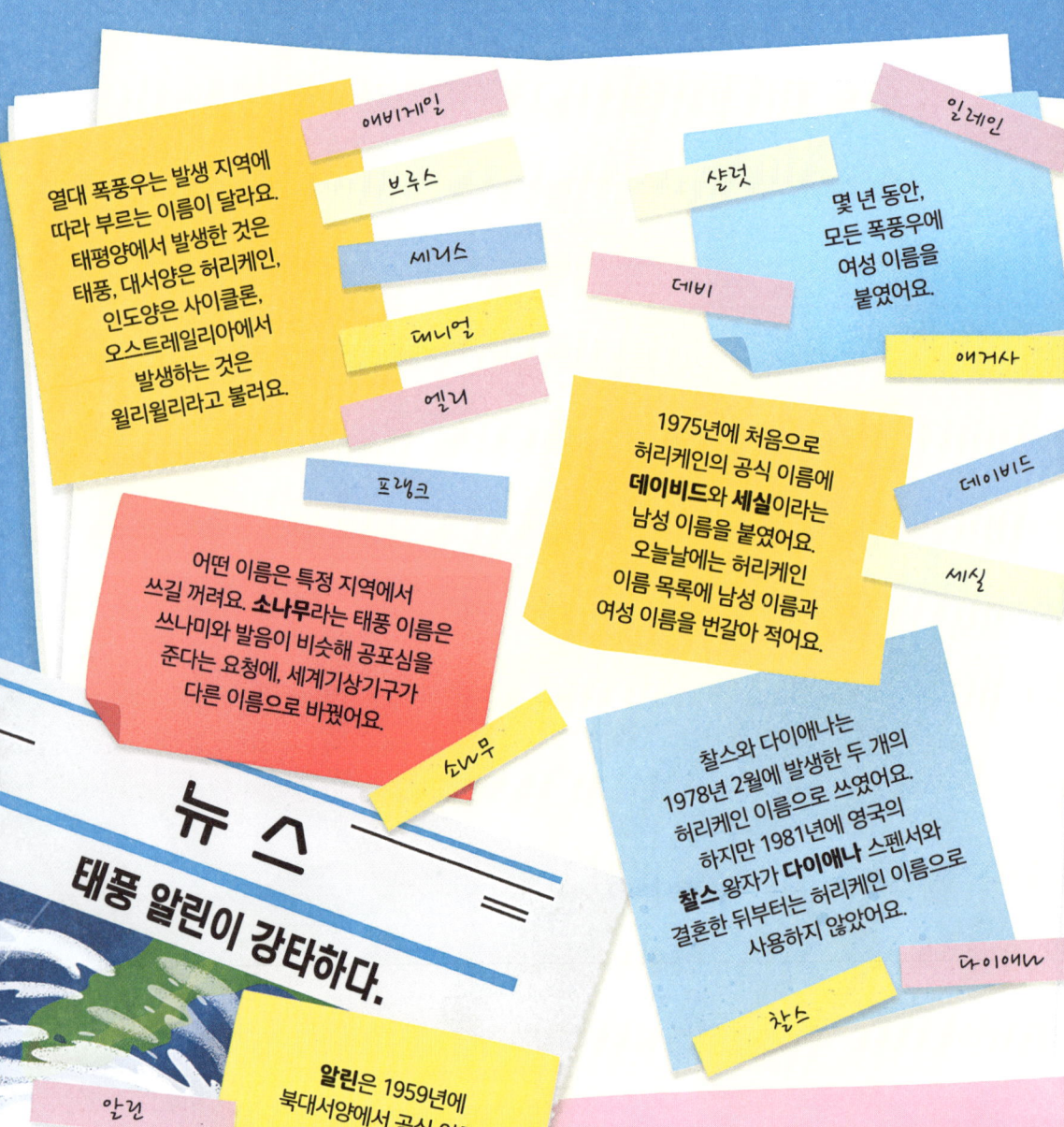

열대 폭풍우는 발생 지역에 따라 부르는 이름이 달라요. 태평양에서 발생한 것은 태풍, 대서양은 허리케인, 인도양은 사이클론, 오스트레일리아에서 발생하는 것은 윌리윌리라고 불러요.

몇 년 동안, 모든 폭풍우에 여성 이름을 붙였어요.

1975년에 처음으로 허리케인의 공식 이름에 **데이비드**와 **세실**이라는 남성 이름을 붙였어요. 오늘날에는 허리케인 이름 목록에 남성 이름과 여성 이름을 번갈아 적어요.

어떤 이름은 특정 지역에서 쓰길 꺼려요. **소나무**라는 태풍 이름은 쓰나미와 발음이 비슷해 공포심을 준다는 요청에, 세계기상기구가 다른 이름으로 바꿨어요.

찰스와 다이애나는 1978년 2월에 발생한 두 개의 허리케인 이름으로 쓰였어요. 하지만 1981년에 영국의 **찰스** 왕자가 **다이애나** 스펜서와 결혼한 뒤부터는 허리케인 이름으로 사용하지 않았어요.

알린은 1959년에 북대서양에서 공식 이름이 붙여진 뒤로 10번이 넘게 쓰였어요.

처음에 태풍 이름은 모두 서양식이었어요. 하지만 오늘날에는 각 나라에서 쓰는 고유 언어를 이름에 반영하여 쓰고 있어요.

58 베네수엘라에서 뇌우는…

선원들이 길을 찾도록 도와요.

수백 년 동안, 베네수엘라의 해안가에 사는 선원들은 **마라카이보의 등대**를 길잡이로 삼았어요. 이것은 사실 등대가 아니라 폭풍인데, 언제나 똑같은 지점에서 생겨나서 400킬로미터 떨어진 곳에서도 볼 수 있어요.

베네수엘라 해안 가까이, 마라카이보 호수 위 높은 곳에 구름이 형성돼요.

산에 둘러싸여 있어서 밤에는 열과 습기가 호수 위로 올라가요. 그래서 자주 심한 폭풍우가 일어요.

폭풍우 횟수

폭풍우 지속 시간

번개 치는 평균 횟수

번개 치는 최대 횟수

일 년에
140~160일 밤

한 번에 대략
7~10시간

1시간에
280번

하룻밤에
2만 번까지

1년에 최대
160만 번까지

59 북극제비갈매기가 이동하는 거리는…

지구에서 달까지 세 번을 날아갔다 올 수 있는 정도예요.

해마다 수백 종에 이르는 생물들이 지구에서 이쪽저쪽으로 이동해요.
먹이와 따뜻한 곳, 또는 새끼를 낳을 곳을 찾아 육지를 지나고 바다를 건너지요.
그 거리는 수킬로미터씩 이어져요.

북극제비갈매기는 북극과 남극을 오가며 여름을 보내는데, 적어도 **3만 킬로미터**를 남쪽으로 날아갔다가 다시 북쪽으로 되돌아와요. 북극제비갈매기가 30년 동안 이동하는 거리는 지구에서 달까지 세 번을 왕복하는 거리와 맞먹어요.

시베리아흰두루미는 이동할 때 따뜻한 공기 흐름을 타고 매일 **320킬로미터**씩 날아갈 수 있어요.

해마다 150만 마리의 영양 떼가 파릇한 풀과 신선한 물을 찾아 세렝게티 평원에서 **3,000킬로미터**를 이동해요.

된장잠자리는 비 오는 시기를 쫓아 인도에서 아프리카로 이동해요. 된장잠자리 한 마리가 살아 있는 동안 가기에는 너무 먼 거리여서, 이동을 마치기까지 4대에 걸쳐 이어져요.

- 하늘에서 이동
- 땅에서 이동
- 바다로 이동

60 지루한 10억 년은…

아무 일도 없던 10억 년을 말해요.

18억 년에서 8억 년 전 사이에, 지구는 완전히 안정된 10억 년을 보냈어요. 한 과학자는 이 시기를 '지구 역사상 가장 재미없던 시기' 또는 **지루한 10억 년**이라고 표현했어요.

지루한 10억 년 **동안**

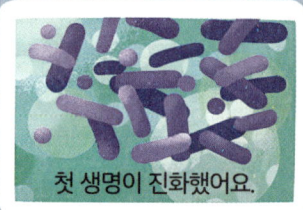
첫 생명이 진화했어요.

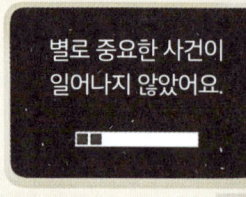
지루한 10억 년

지루한 10억 년 **이전**

거대한 대륙이 이동했어요.

화산이 폭발했어요.

빙하기가 닥쳤어요.

별로 중요한 사건이 일어나지 않았어요.

약 18억 년 전

61 플라밍고에게 완벽한 보금자리는…

부식을 일으키는 호수예요.

탄자니아의 나트론 호수는 지구상에서 가장 살기 힘든 환경에 속해요. 호숫물에는 생명이 거의 살 수 없지만, 그럼에도 250만 마리에 이르는 플라밍고는 해마다 이곳에서 새끼를 낳아요.

수온은 **60도**까지 오를 수 있어요.

호수에는 **나트론**(탄산염 광물)이라는 짠 혼합물이 섞인 **탄산나트륨**이 가득해요.

이 화학 물질이 든 물은 가정용 표백제와 거의 비슷한 수준의 부식성을 가져요. 거의 모든 동물의 피부를 태워 화상을 입히지요.

지루한 10억 년

지루한 10억 년

지루한 10억 년
이후

기후도 쭉 일정했어요.

특별한 변화가 없었어요.

복잡한 생명체가 진화했어요.

육지에 식물이 자라났어요.

대륙도 안정되어 있었어요.

쿨쿨쿨

바다에 생물들이 가득 찼어요.

초대륙이 갈라졌어요.

약 8억 년 전

나트론으로 이루어진 섬은 물이 증발할 때 만들어졌어요. 그래서 **증발 잔류암**이라고 불러요.

플라밍고는 **시아노박테리아**라는 작은 생물을 즐겨 먹는데, 이것은 짠물에서 잘 자라요. 이 시아노박테리아 때문에 호수와 플라밍고가 분홍색을 띠어요.

플라밍고는 아프리카황금늑대 같은 포식자가 가까이 갈 수 없는 증발 잔류암에 둥지를 틀어요.

62 헬륨이 도망가고 있어요…

그러면 결국 지구에 헬륨이 바닥나고 말 거예요.

화학 원소인 헬륨은 우주 전체 질량의 4분의 1을 차지해요. 하지만 지구에서 발견되는 양은 아주 적어요. 끊임없이 우주로 빠져나가기 때문이에요.

지구에서 헬륨은 대부분 기체 상태로 있어요. 우라늄이나 토륨 같은 방사성 원소가 땅속에서 붕괴할 때 생겨나요.

천연가스 저장소에서 헬륨을 얻기도 해요.

헬륨은 눈에 보이지 않아요. 냄새도 맛도 나지 않고, 무엇에도 반응하지 않아요. 굉장히 가벼워서 우주로 도망치고 싶어 해요.

헬륨 가스가 암석 틈으로 새어 나와요.

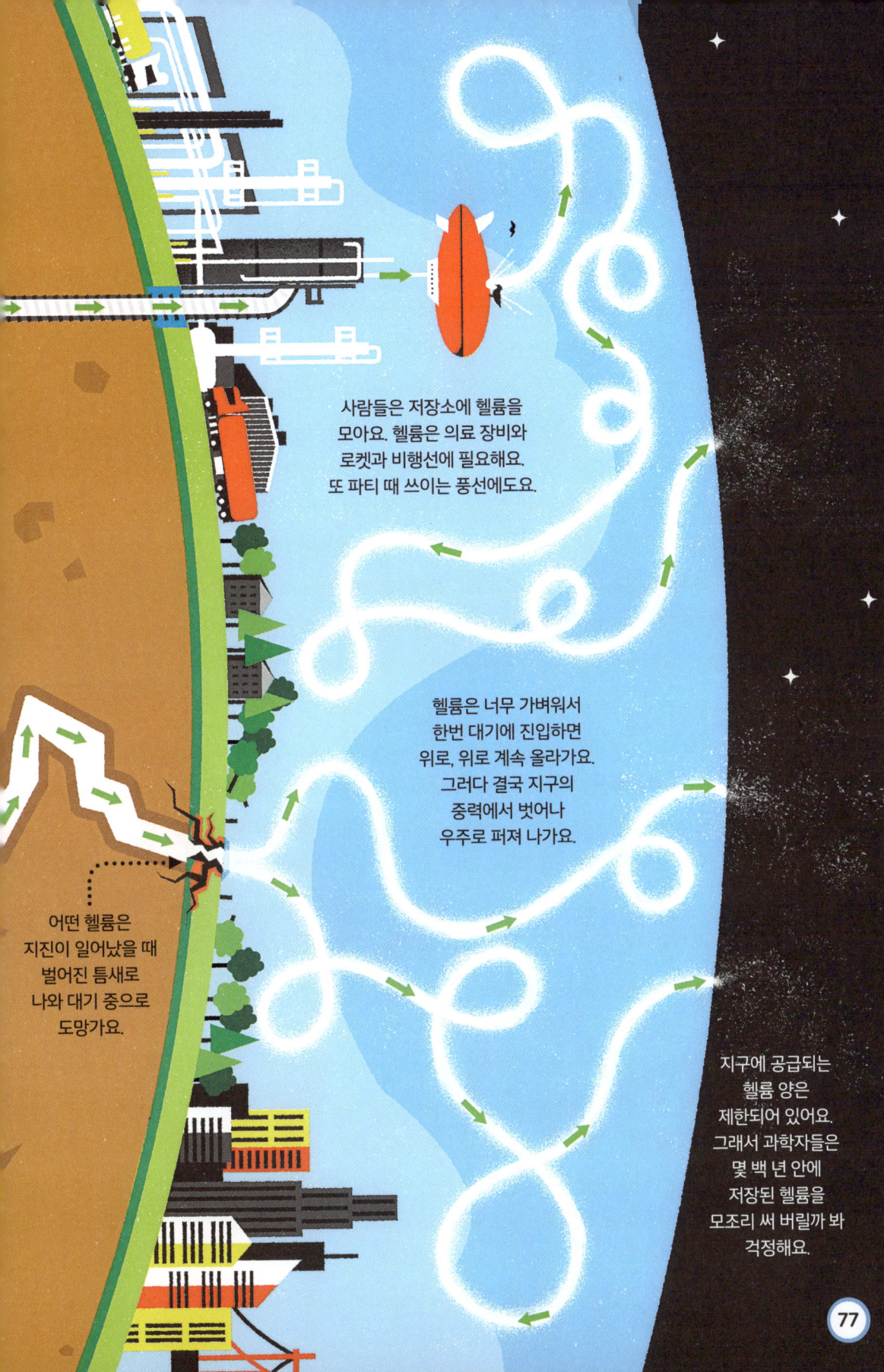

63 우산이 필요 없어요…

유령 비가 내릴 때는요.

땅 위 공기가 유난히 따뜻하면, 하늘에서 내리던 빗방울이 중간에 증발해 버리기도 해요. 그러니 비가 땅에 닿지도 않지요. 기상 전문가들은 이를 **꼬리구름**이라고 하는데, **유령 비**로도 알려져 있어요.

꼬리구름은 주로 사막 위 하늘에서 볼 수 있어요.

64 지구에 냄새가 더 풍겨요…

폭풍우가 내린 뒤에요.

지구 곳곳의 바위와 흙에는 눈에 보이지 않을 만큼 작은 생물이 있어요. 이 생물은 **지오스민**이라는 냄새 나는 화학 물질을 공기 중으로 끊임없이 내보내요.

지오스민 냄새는 세찬 비가 내린 뒤에 더 강하게 나요. 작은 빗방울들이 지오스민을 내뿜는 작은 생물들을 실어 나르기 때문이에요.

폭풍우가 지나간 뒤에 공기 중에 나는 냄새를 **페트리코**라고 해요.

이런 냄새는 인간이 특히 잘 맡아요. 그 이유는 아무도 정확히 모르지만요.

65 거대한 열대 우림이…

세계에서 가장 커다란 동굴 안에서 자라고 있어요.

베트남에 있는 항손동은 지구에서 가장 커다란 동굴이에요. 동굴 안에 강물이 흐르고, 열대 우림이 울창하게 우거져 있어요.

동굴은 1991년에 처음 발견됐어요. 하지만 2009년이 되어서야 본격적으로 탐사가 시작되었죠.

천장이 뻥 뚫려 있어서 햇빛이 동굴 안으로 들어올 수 있어요.

탐험가가 숲을 발견했어요. 숲에서 나무가 **30미터**까지 쑥쑥 자라고 있어요.

동굴 높이: 200미터

동굴 너비: **150미터**

천장에 난 구멍으로 햇빛과 비가 충분히 들어와서 동굴 속 열대 우림 곳곳에 있는 동식물들이 살아가게 해 줘요.

66 뱀파이어와 프랑켄슈타인은…

화산에서 나왔어요.

1815년 4월 10일, 동남아시아에 있는 화산에서 역사상 강력하기로 손꼽히는 폭발이 일어났어요. 그러자 기온이 떨어지고, 비가 끊임없이 내리고, 농작물을 망쳤어요. 이로 인해 식량도 부족하고, 새로운 두 괴물이 탄생하는 등 세상 곳곳에 후유증을 남겼어요.

재와 연기 기둥이 위로 **43킬로미터**까지 솟구쳤어요.

비행기가 날아가는 높이보다 4배나 더 높이 올라간 셈이에요.

구름 밑으로 수백 킬로미터나 깜깜한 어둠이 드리워졌어요.

하늘에서 떨어지는 재가 **동남아시아**를 뒤덮었어요.

탐보라 화산

네덜란드령 동인도 제도
(오늘날의 인도네시아)

재 입자가 전 세계에 흩날려서 몇 달 동안 햇빛을 가로막았어요.

세계 기온이 떨어졌어요. 이듬해는 **여름 없는 해**로 알려졌어요. 수확을 못 해 온 지구에 식량이 부족했어요. 아마 사망자도 어마어마하게 많았을 거예요.

쾅 하고 폭발하는 소리가 1천 킬로미터 넘게 떨어진 **수마트라섬**까지 들렸어요.

파리와 **런던**처럼 멀리 떨어진 곳에 있는 사람들은 평소와 달리 밝고 화사한 노을을 봤어요. 하늘에 퍼진 재 입자들 때문에 생긴 노을이었지요.

'여름 없는 해'의 나쁜 날씨는 미술가와 작가와 음악가들의 작품 활동에도 영향을 끼쳤어요.

스위스를 방문한 여러 작가들은 비를 피하는 동안 무시무시한 이야기를 썼어요. **메리 셸리**는 과학 실험으로 탄생한 괴물 이야기인 『프랑켄슈타인』을 떠올렸어요. **존 폴리도리**는 최초의 근대 흡혈귀 이야기인 『뱀파이어』를 썼지요.

67 북아메리카에서 가장 높은 산은…

이름이 40개도 넘게 있어요.

북아메리카에서 가장 높은 산은 알래스카에 있어요. 해발 **6,190미터**인 화강암 봉우리가 최고봉이라는 사실에는 모두가 동의해요. 하지만 그 봉우리의 이름을 두고 오래도록 논쟁을 벌여 왔어요.

시간이 흐를수록 산 이름은 40개 넘게 늘어났어요.

산은 현지의 고유 언어로 많은 이름을 지녔어요. 하지만 처음에는 유럽 지리학자들이 그런 이름을 무시했어요.

1880년대에는 단순히 유럽 탐사가의 이름을 땄어요.

알래스카는 1733년부터 1867년까지 러시아가 소유했어요. 그때 산 정상은 러시아어로 '거대한 산'이라 불렸어요.

1896년에는 산 이름이 매킨리였어요. 미국 오하이오주 정치인의 이름에서 땄는데, 이 정치인은 나중에 미국 대통령이 되었어요. 2015년까지 공식 이름으로 쓰였어요.

북쪽과 남쪽 봉우리는 1965년에 영국 정치인인 윈스턴 처칠을 위해서 이름을 다시 지었어요.

2015년, 미국 정부는 공식적으로 이름을 **디날리산**으로 다시 정했어요.

디날리라는 이름은 '가장 높은 곳, 위대한 것'이라는 뜻으로, 수천 년 동안 알래스카 원주민이 원래부터 쓰던 이름이에요.

68 황량함과 절망이…

남극해 주변에서 방문객을 기다려요.

산이나 섬 같은 지형에 붙이는 이름은 그곳에 갔던 탐험가들의 기분을 나타내 주기도 해요.

남극을 둘러싼 바다 곳곳에는 섬들이 흩어져 있어요. 어떤 섬은 탐험가의 이름이나 탐험가의 친구들 이름, 또는 고향 이름을 따서 지어졌어요. 그런데 어떤 섬들의 이름은 불안, 공포, 안도처럼 그 섬을 발견한 탐험가의 심정을 고스란히 나타내요.

그래서 남극을 지날 때 이런 곳을 방문하게 될 거예요.

데솔레이션섬(황량한 섬)

데스페어섬(절망의 섬)

디셉션섬(속임수 섬)

데인저섬(위험의 섬)

다이너마이트섬

디스멀섬(음울한 섬)

디서포인트먼트섬(실망의 섬)

이런 여행 일정표를 보고 몹시 맥 빠진 여행자는 이런 곳을 가고 싶을지 몰라요.

세이프티섬(안전의 섬)

참고 : 이 지도는 정확하지 않고 축척도 맞지 않지만 섬 이름은 진짜예요.

69 움직이는 돌은…

밤에 사막을 가로지르며 이동해요.

미국 캘리포니아 데스밸리에는 레이스트랙 플라야라는 곳이 있어요.
이곳에는 커다랗고 무거운 돌이 있는데 마치 밤새 혼자 움직인 듯이 보여요.
들어올리기도 너무 무거운 이 돌들은 '움직이는 돌'로 알려져 있어요.

돌은 어떻게 움직였을까요?
과학자들은 1900년대 초부터 돌을 관찰하기 시작했지만
2014년이 되어서야 드디어 비밀이 풀렸어요.

밤에는 기온이 떨어져서
레이스트랙 플라야에
얇은 얼음 층이 생겨요.

이른 아침 햇빛에 얼음이 녹아서 생긴
얇은 물의 층 위에 돌이 떠다녀요.

아주 잔잔한 바람도
떠다니는 얼음을
움직이기에는 충분해요.
이때 바위도 함께 움직여요.

햇빛이 강해지면 건조한
사막에 물이 싹 말라 버려요.
그러면 어느덧 움직이던 돌은
새로운 위치에 가 있지요.

70 버스만큼 커다란 크리스털이…

멕시코의 동굴 속에서 자라고 있어요.

동굴 아래에는 마그마라는 뜨겁고, 녹은 암석이 있어요. 동굴은 마그마 때문에 몹시 뜨거워서 한 번에 겨우 몇 분씩만 탐사할 수 있어요.

세상에, 여기는 **50도**가 넘네.

열은 동굴 안에 유황이 든 물을 천천히 증발시켜요. 그러면 **셀레나이트**라는 크리스털 결정체가 남아요.

크리스털은 50만 년이 넘는 시간 동안 거대한 구조물로 자라났어요.

4m

이곳의 크리스털은 지구에서 발견된 것 중에 가장 커다래요. 어떤 크리스털은 작은 버스 크기만큼이나 크지요.

12m

우아!

현재 동굴은 물에 잠겨 있어서 사람이 접근할 수 없어요. 새로운 크리스털이 만들어지는 중이지요.

71 할리우드에서 내린 눈은…

캘리포니아의 사막에서 온 거예요.

할리우드 영화 제작의 황금기였던 1930년대에서 1940년대에, **석고**라는 광물로 가짜 눈을 만들어서 일 년 내내 겨울 장면들을 촬영했어요.

석고는 사막에서 채굴했어요.

로스앤젤레스로 가져가요.

눈처럼 하얀 조각으로 깎아서…

…영화 촬영장에 눈처럼 뿌려요.

그전에는 고전 영화에서 눈 대신에 소금, 설탕, 가루 비누, 대리석 가루, 하얗게 칠한 콘플레이크를 썼어요.

72 아주 많은 작은 위성들이…

지구 주위를 언제든지 돌고 있어요.

지구의 위성은 달 하나뿐이에요. 하지만 작고 빠르게 움직이는 소행성 수천 개도 지구 주위를 돌아요. 이것도 조그만 위성들이에요. 대부분 자가용보다 훨씬 작고, 지금까지 오랫동안 제자리를 지킨 위성은 없어요.

소행성들은 지구의 중력에 붙잡혀 잠시 동안 지구 주위를 도는 궤도로 들어설 수 있어요.

이런 작은 위성들은 **일시적 준위성**이라고 해요.

일시적 준위성은 지구 궤도에 평균적으로 약 **9개월**쯤 머물러요.

이봐! 여기서 지구의 **진짜** 위성은 나뿐이라고!

일시적 준위성들은 결국 소용돌이치며 대기로 들어와 불타 사라지거나, 땅에 추락하거나, 빙빙 돌며 우주로 날아가 버려요.

73 지구가 점점 뜨거워질수록…

동물은 점점 작아져요.

우리가 알아야 할 신문

동물들의 크기가 줄어든다!

과학자들은 기후 변화가 가져온 뜻밖의 결과를 발견했다. 평균 기온이 올라가자, 다양한 동물들의 평균 몸 크기가 시간이 지남에 따라 작아지고 있다. 자연이라는 특파원은 우리에게 더 많은 것을 말해 준다.

참치, 연어, 대구를 비롯한 다양한 물고기들이 점점 작아지고 있다. 어떤 과학자들은 물 온도가 1도씩 올라갈 때마다 물고기들의 몸집이 30퍼센트씩 줄어드는 것으로 보고 있다.

매애, 기온이 올라가니 산양도 별거 아니네.

알프스산양은 불과 30년 전보다 몸 크기가 25퍼센트나 작아졌다.

이번이 처음은 아니다!

5,500만 년 전, 지구 온도가 빠르게 올라갔다. 이 기간을 팔레오세-에오세 최고온기라고 하는데, 이 기간 동안 고대 포유동물의 몸집이 약 3분의 1이 줄어든 것을 화석에서 확인할 수 있다.

날씨 예보			
더운 날씨가 계속될 예정입니다.	월 ☀	화 ☀	수 ☀

왜 이런 일이 생길까?

따뜻한 물에는 차가운 물보다 산소가 적게 들어 있다. 그래서 커다란 물고기는 충분히 숨을 쉴 수가 없다. 작은 물고기는 산소가 적게 필요하기 때문에 살아남을 확률이 높아졌다.

몸집이 큰 동물은 더위를 식히기가 힘들다. 그래서 더운 기후에서는 몸집이 작은 쪽이 살아가는 데 훨씬 유리하다.

작은 동물들은 먹이도 적게 먹는다. 기온이 올라가 몇몇 생물이 멸종하자, 먹이를 적게 필요로 하는 동물들이 살아남을 기회가 더 높아졌다.

74 지구에서 채굴되는 모든 금은…

우주에서 왔어요.

금은 **무거운 금속**이에요. 크기에 비해서 밀도가 높고 무게가 많이 나가죠.
금은 지구에서 만들어질 수 없고, 별이 타오를 때 별 내부에서 형성돼요.
그래서 과학자들은 지구에서 채굴되는 모든 금은 우주에서 온 게 틀림없다고 생각해요.

지구의 **핵**에도 금이 약간 있어요.
과학자들은 지구가 처음 형성되었을 때
서로 뭉친 우주 먼지 속에 금이 조금 들어 있었을 거라고
생각해요. 하지만 우리 손에 닿지 않는
녹아 있는 지구 한가운데로 가라앉아 있지요.

과학자들은 지구의 지각에 있는 금은
40억 년 전쯤 '후기 운석 대충돌기'라는
시기에 금으로 덮인 운석들이 지구로
충돌해 와서 생겨났다고 생각해요.

지구 지각의 10억 분의 1만이 금이에요.
적은 양으로 들리지만,
지금까지 사용한 금을 모두 채굴할 수
있었을 정도로 충분한 양이에요.

지구 핵에는 금이 훨씬 더 풍부하게 있어요.
과학자들은 지구 표면에 거의 4미터 두께로
금 층을 이룰 만큼 금이 충분히 있다고 생각해요.
하지만 핵에 있는 금을 얻기란 불가능하지요.

75 익룡은 날 수 없을 거예요…

21세기의 하늘에서는요.

오늘날 하늘을 나는 가장 커다란 동물은 앨버트로스라는 새예요. 지구 대기를 구성하는 기체들은 앨버트로스가 거대한 날개로 밀어 내기에 알맞을 만큼 두텁고 따뜻해요. 그래서 앨버트로스가 하늘에 떠 있을 수 있어요.

하늘을 나는 앨버트로스
날개 길이 : 4미터까지
몸무게 : 12.7킬로그램까지

수백만 년 전, 쥐라기와 백악기 때는 익룡이 하늘을 가득 채웠어요. 익룡은 하늘을 나는 파충류로, 앨버트로스보다도 훨씬 더 컸어요.

케찰코아틀루스(가장 큰 익룡)
날개 길이 : 14미터까지
몸무게 : 250킬로그램까지

전문가들은 이렇게 거대한 동물이 하늘에 떠 있기 위해서는 대기가 지금보다 훨씬 더 두텁고 더 따뜻했을 거라고 생각해요. **하지만…**

> 잠깐, 내가 왜 이러지?

…오늘날에는 대기가 훨씬 더 얇고 더 차가워요. 그래서 익룡이 아무리 날개를 퍼덕거려도 결코 땅에서 날아오르지 못할 거예요.

> 익룡 씨, 무슨 일이에요? 날아오르는 데 무슨 문제 있어요?

76 미래의 대통령이…

미국 서쪽 지역을 체스판처럼 만들었어요.

1776년, 북아메리카의 동부 해안에서 겨우 13개 주로 시작한 미국은 광활한 서쪽 지역을 얻으면서 영토가 급격히 확대되었어요. 미국 정부는 이 땅들을 정착민과 투자자에게 팔 수 있도록 지도로 나타내고 체계화할 방법이 급히 필요했어요.

버지니아주에서 태어난 정치가인 **토머스 제퍼슨**이 해결책을 내놓았어요. 땅을 깔끔한 격자무늬로 나누는 것이지요. 이 정치가는 나중에 미국의 대통령이 되었어요.

제퍼슨이 제시한 방법을 공공 토지 측량 체계라고 하는데, 1785년에 실시되었어요. **측량사들은 수백만 제곱마일**을 여러 칸으로 나누었어요.

1마일(1.6킬로미터)

1마일(1.6킬로미터)

격자 1칸 : 1제곱마일

격자무늬 1칸은 또다시 나뉠 수 있고, 더 작은 구역을 팔 수도 있었어요.

농장

도로

목장

77 제3의 인간이…

가장 높은 봉우리에서 등반가 앞에 나타났어요.

사람은 세상에서 가장 높은 산 정상에서 차가운 공기를 맞으며 오랫동안 있을 수 없어요. 고도가 지나치게 높아지면 등반가에게 치명적인 질병이 생겨요. 게다가 신비로운 환영 또는 환청을 경험하는데, 이를 **제3의 인간 증후군**이라고 해요.

산에서 **8,000미터** 높이부터는 **데스존(죽음의 구역)**이라고 불러요. 이 지점에 들어서면, 우리 몸은 해수면 위치에서 마실 수 있는 산소의 3분의 1밖에 흡수하지 못해요.

데스존

8,000m

산소가 부족하면 두통, 피로, 구토, 불면, 혼란 상태에 빠져요. 그리고 뇌나 폐가 부어오르는 치명적인 증상이 생길 수도 있어요.

높은 고도에 올랐을 때, 산비탈에서 누군가를 봤거나 누군가 옆에 있는 듯한 느낌을 받았다고 말하는 등반가가 많아요.

하지만 좋은 (또는 나쁜) 조언을 속삭여 준다는 그 누군가는 진짜가 아니에요. 뇌의 인지 능력이 흐려지며 나타나는 환영 또는 환각 증상이에요.

등반가들이 낮은 고도로 내려오면 **제3의 인간 증후군**도 서서히 사라져요.

78 의상, 가발, 소품 들은…

한때 극지 탐험에 필수였어요.

19세기, 극지 탐험가들은 새로운 뱃길과 지도에 없는 미지의 섬과 북극을 찾기 위해 북극권으로 항해해 갔어요. 탐험가들은 생존에 필요한 모든 것을 챙겨 갔는데, 그중에는 무대 소품과 의상도 있었어요.

이런 준비물이 꼭 필요한 이유는, 극지방에서는 6개월 동안 해가 뜨지 않기 때문이에요.

탐험가들은 날이 추워져서 바다가 얼고 깜깜한 겨울이 여러 달 동안 계속되는 동안은 탐사도 중단해야 했어요. 바닷물이 8월부터 이듬해 6월까지 쭉 얼어 있었거든요.

따라서 탐사선은 바닷물이 다시 녹을 때까지 10개월 동안 항해도 못하고 얼음에 갇힌 채로 머물러 있었어요.

| 1월 | 2월 | 3월 | 4월 | 5월 | 6월 | 7월 | 8월 | 9월 | 10월 | 11월 | 12월 |

얼음에 발이 묶이고 배 안에 갇힌 채 여러 달을 보내면, 지루하고 울적해지고 짜증이 날 수 있어요. 탐험가들의 정신 건강에도 나쁘고요.

그래서 탐험가들은 사기를 잃지 않기 위해서 동료들 앞에서 연극 공연을 하고, 강연을 하고, 연주회를 열었어요.

79 러버덕 무리는…

바닷물의 움직임을 추적하는 데 도움이 되었어요.

1992년, 2만 9,000개의 노란 오리 장난감과 목욕용 장난감을 싣고 가던 배가 폭풍우를 만났어요. 장난감이 들었던 화물선은 태평양에 빠지고 말았지요. 그때 이후로 해양학자들은 이 장난감들이 이동하는 길을 추적하여 해류에 관해 많은 것을 알게 되었어요.

1
해류는 1만 9,000개의 장난감을 남쪽으로 실어 날랐어요. 이 장난감들은 오스트레일리아와 인도네시아, 남아메리카까지 휩쓸려 갔고, 나머지는 북쪽으로 흘러갔어요.

2
1993년- 장난감 400개가 알래스카 해안에 다다랐어요. 유출 지점에서 **3,200킬로미터** 떨어진 곳이었어요.

3
1995년- 북극 얼음에서 꽁꽁 얼어붙은 장난감이 더 발견되었어요. 유출 지점에서 **4,500킬로미터** 떨어진 곳이었어요.

이 지도는 현재까지 장난감이 이동한 경로를 보여 주어요.
해류를 타고 다양한 방향으로 흘러갔어요.

4 **2001년**- 캐나다 동남부에 있는 뉴펀들랜드의 해안가에서 장난감들이 발견되었어요. 유출 지점에서 **9,500킬로미터** 떨어진 곳이었어요.

5 **2007년**- 장난감 몇 개가 최초로 유럽에 다다랐고, 하나는 스코틀랜드의 바닷가에서 발견되었어요. 유출 지점에서 **1만 6,500킬로미터** 떨어진 곳이었어요. 아직도 2,000개의 장난감이 바다를 떠돌고 있어요.

해양학자들은 보통 물에 띄우는 부유식 전자 추적기를 한 번에 약 1,000개씩 물에 띄워 보내요. 그런데 유출된 오리 장난감이 굉장히 많아서 과학자들이 바다가 어떻게 움직이는지 훨씬 더 상세히 그려 볼 수 있게 도움을 주었어요.

80 흑사병 때문에…

지구가 더 추워졌어요.

17세기와 19세기 사이에 세계 기온이 상당히 떨어졌어요. 역사가들은 이 시기를 **소빙기**라고 불러요. 과학자들은 **흑사병**이라는 무시무시한 전염병이 휩쓸고 간 뒤로 세계 인구가 감소하면서, 기후가 어느 정도는 그 영향을 받았다고 생각해요.

14세기에 아시아와 유럽에 흑사병이 널리 퍼져서
수천만 명이 죽었어요.

세계 인구의 20퍼센트 이상이 전염병에 목숨을 잃었어요.
수많은 도시와 마을이 텅텅 비었지요.

버려진 마을이 폐허가 되자, 그 뒤로 몇 세기 동안
나무들이 빈자리를 차지하며 다시 **숲**을 이루었어요.

늘어난 나무들은 많은 양의 이산화탄소를 흡수했고, 그 결과로 기온이 내려갔어요.
오늘날 화석을 연구한 결과가 이 이론을 뒷받침해 주고 있어요.

하지만 이 이론도 여러 가능성 중 하나일 뿐이에요.
해양 순환과 태양에서 오는 방사선 수치 저하 또한 소빙기가 생긴 원인일 수 있어요.

81 하늘에 흩날리는 먼지는…

고산 빙하를 녹일 수 있어요.

깨끗하고 하얀 눈은 햇빛의 약 90퍼센트를 반사해요. 그래서 빙하가 몇 년 동안이나 차갑게 얼어 있을 수 있어요. 하지만 먼지 층이 얇게만 덮여도 빙하 표면은 어두워지면서 빙하의 운명을 끝장낼 수 있어요.

1 그을음과 먼지의 작디작은 입자들은 대기 속으로 높이 떠오를 수 있어요.

2 일부 입자가 고산 빙하 위에 내려앉아요. 산꼭대기에서 형성되어 비탈을 따라 흘러내리는 빙하를 고산 빙하라고 해요.

3 먼지로 덮여 어두워진 눈 표면은 빛을 덜 반사해서 열기를 더 흡수해요. 그래서 눈이 천천히 녹기 시작해요.

4 유럽 알프스산맥에 있는 빙산은 1850년대부터 녹기 시작했어요. 바로 증기 기관차와 공장이 그을음을 내뿜기 시작한 때이지요.

이러한 고산 빙하들이 오늘날 계속 녹아서 줄어들고 있어요.

82 보그, 레이즈, 라바나도 때문에…

치명적으로 위험한 화산이 한층 더 위험해져요.

화산이 분출하면 거대한 폭발과 함께 용암이 뿜어져 나오고, 뜨거운 가스와 암석과 재가 폭포처럼 쏟아져 나와요. 화산의 안과 밖에 다른 위험한 것들도 많아요.

조심해요!
화산이 분출하고 있어요!
안전한 길을 골라 따라가 볼까요?

A B C D E

보그가 주위에 자욱이 깔려 있어요!

유황이 든 화산 가스가 공기 중에 새어 나왔어요. 이 가스와 물방울이 섞여 '보그'를 만들어요. 보그는 산성의 화산 안개로, 목에 들어가면 목이 타는 듯한 느낌이 들고, 피부가 따끔거리고, 눈물이 쏟아져요.

아래에서 부풀어 오르는 레이즈로 잘못 왔어요!

용암 줄기가 바다로 쏟아져 들어가서 아지랑이 같은 것이 뭉글뭉글 피어올라요. 이것을 용암(lava)과 아지랑이(haze)를 합쳐서 '레이즈(laze)'라고 불러요. 레이즈에는 **염산**과 굉장히 날카로운 유리 입자들이 가득해요.

펠레가 머리카락으로 여러분을 얽어매고는 동강 내려고 해요!

용암 거품이 터지면서 유리 가닥들을 만들어 내는데, 아주 미세하고 가벼워서 바람에 실려 떠다녀요. **펠레의 머리카락**이라고 부르는 이 황금 가닥들은 희미하게 일렁이며 환히 빛나고, 쉽게 부서져요. 펠레는 하와이 화산의 여신 이름이에요.

이 작디작은 유리 조각들을 코로 들이마시거나 삼키지 않게 조심해요!

회오리치는 라바나도가 여러분을 재로 만들어 버릴 거예요!

용암의 뜨거운 열은 돌풍처럼 거세게 휘몰아치는 상승 기류를 만들어요. 그 힘이 너무 세서 용암이 튀어 불타는 토네이도가 형성되지요. 이를 '라바나도'라고 해요.

축하해요!

여러분은 조금 엉망이 되고, 불에 살짝 그슬려 약간 노릇해졌지만, 그래도 살아남았어요!

83 어제와 내일은…

몇 킬로미터 차이로 구분돼요.

알래스카와 러시아 사이에는 춥고 바람이 세찬 바다가 있어요. 그곳에 예스터데이섬과 투모로우섬이라는 황량한 바위섬이 있는데, 두 섬은 겨우 **3.8킬로미터** 거리를 두고 떨어져 있어요. 하지만 두 섬의 시간차는 **21시간**이에요.

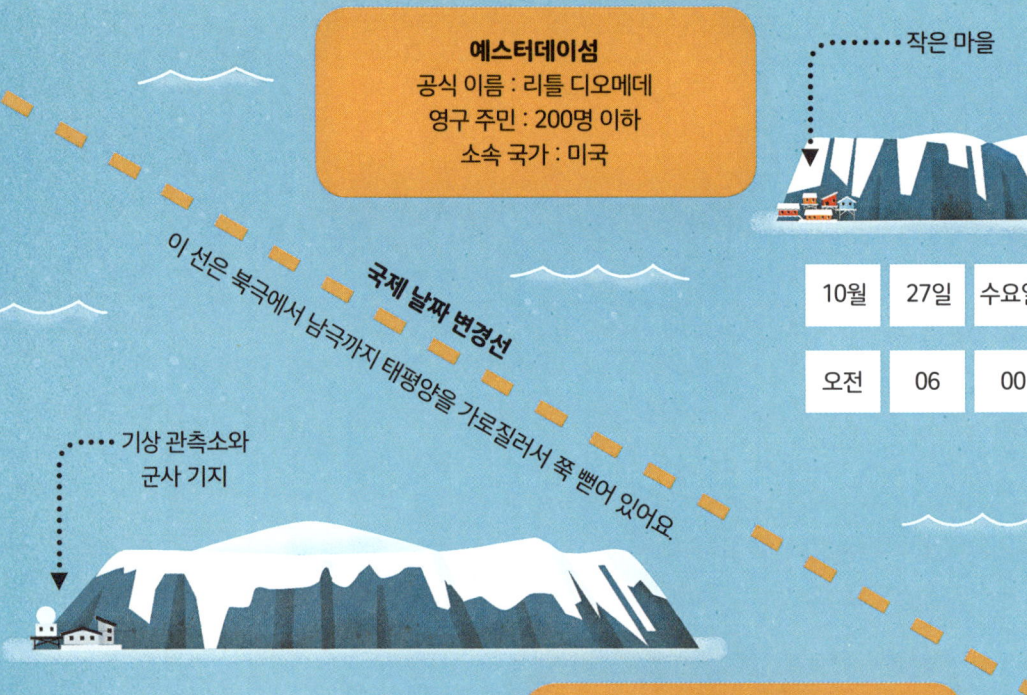

예스터데이섬
공식 이름 : 리틀 디오메데
영구 주민 : 200명 이하
소속 국가 : 미국

작은 마을

10월 27일 수요일
오전 06   00

국제 날짜 변경선
이 선은 북극에서 남극까지 태평양을 가로질러서 쭉 뻗어 있어요.

기상 관측소와 군사 기지

10월 28일 목요일
오전 03   00

투모로우섬
공식 이름 : 빅 디오메데
영구 주민 : 0명
소속 국가 : 러시아

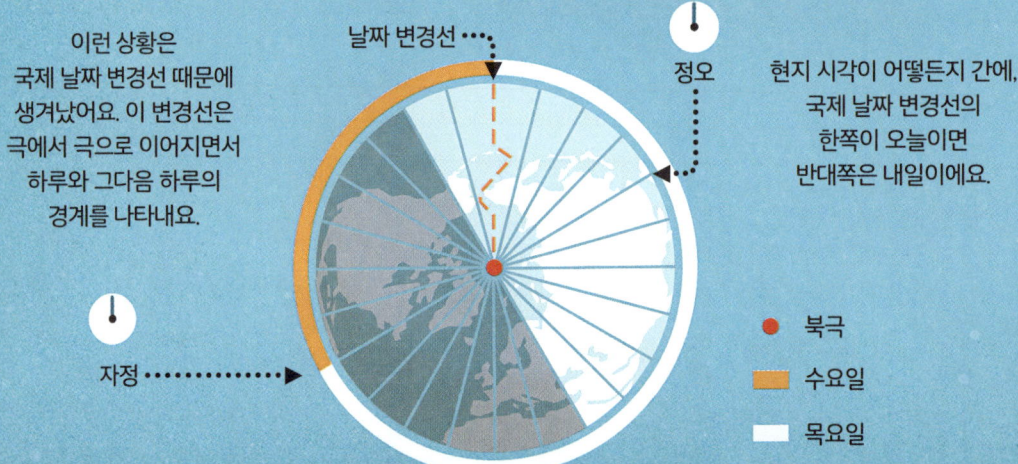

이런 상황은 국제 날짜 변경선 때문에 생겨났어요. 이 변경선은 극에서 극으로 이어지면서 하루와 그다음 하루의 경계를 나타내요.

날짜 변경선
정오
자정

현지 시각이 어떻든지 간에, 국제 날짜 변경선의 한쪽이 오늘이면 반대쪽은 내일이에요.

● 북극
■ 수요일
□ 목요일

84 금요일, 토요일, 일요일…

세 요일이 같은 날 동시에 찾아와요.

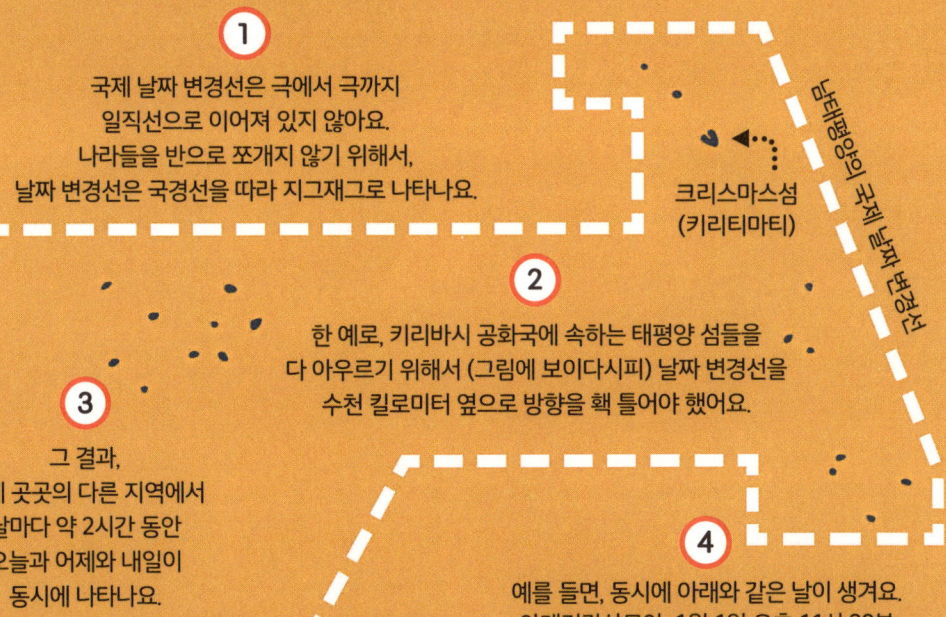

① 국제 날짜 변경선은 극에서 극까지 일직선으로 이어져 있지 않아요. 나라들을 반으로 쪼개지 않기 위해서, 날짜 변경선은 국경선을 따라 지그재그로 나타나요.

② 한 예로, 키리바시 공화국에 속하는 태평양 섬들을 다 아우르기 위해서 (그림에 보이다시피) 날짜 변경선을 수천 킬로미터 옆으로 방향을 확 틀어야 했어요.

③ 그 결과, 세계 곳곳의 다른 지역에서 날마다 약 2시간 동안 오늘과 어제와 내일이 동시에 나타나요.

④ 예를 들면, 동시에 아래와 같은 날이 생겨요.
아메리칸사모아, 1월 1일 오후 11시 30분
런던, 1월 2일 오전 10시 30분
크리스마스섬, 1월 3일 오전 12시 30분

크리스마스섬 (키리티마티)

남태평양의 국제 날짜 변경선

아메리칸사모아

이봐요, 지금 몇 시예요?

음, 우리가 어디에 있느냐에 따라 달라지는데요?

때로는 겨울에 빅 디오메데와 리틀 디오메데 두 섬 사이의 바다가 단단하게 얼어요.

그럴 때는 오늘에서 내일로, 오늘에서 어제로 건너갈 수 있어요. 또 그 반대로도 갈 수 있지요.

101

85 선사 시대의 동굴 통로는…

거대 나무늘보가 파 놓았어요.

동굴은 대개 바위가 물에 닳아서 생겨나요. 그런데 과학자들은 남아메리카에 있는 1,500개 이상의 동굴은 다른 이유로 형성된 것을 발견했어요. 지금까지 발견된 동굴 가운데 가장 큰 곳은 길이가 610미터가 넘어요.

과학자들은 동굴 안이 할퀸 듯한 자국으로 뒤덮여 있다는 사실을 알아냈어요.

그리고 동굴 천장은 반원형에 물결 모양이 나 있었어요. 물로는 만들어질 수 없는 형태였지요.

이런 특이한 특징을 보면, 1만 년 전 선사 시대에 커다란 동물이 보금자리 삼아 굴을 팠으리라 짐작할 수 있어요. 아마도 선사 시대에 살던 거대 나무늘보였을 거예요.

거대 나무늘보가 동굴을 파면서 특이한 모양을 남겼어요.

굴을 파다가 쉰 다음…

…또 새로운 굴을 만들려고 발톱으로 할퀴면서 그런 모양이 생겼어요.

지금은 멸종하고 없는 거대 나무늘보는 몸집과 몸무게가 코끼리와 비슷했어요.

86 화석화된 닭 뼈는…

인류의 존재를 영원히 기록으로 남길 거예요.

암석에는 시기별로 구별되는 층이 뚜렷하게 남아요. 과학자들은 각 층마다 무엇으로 이루어졌는지를 연구하여, 각 시대가 다음 시대와 어떤 차이를 지니는지 살펴봐요. 어떤 전문가들은 인류가 새로운 시대, 즉 **인류세**(38쪽 참조)를 만들어 내고 있다고 생각해요.

사람들이 먹는 음식은 지구에서 인간이 어떤 활동을 했는지 가장 광범위하게 증거를 남겨요.

농업이 산업 규모로 이루어지면서 닭들의 몸집이 그들의 조상보다 훨씬 더 **커졌어요**.

세계 곳곳에서 사람들이 해마다 **600억 마리**에 달하는 닭 뼈를 버려요.

앞으로 수천 년 뒤에, 과학자들은 여러 암석층 중에서 화석화된 커다란 닭 뼈가 엄청 많이 든 층을 발견할 거예요.

이렇게 남은 뼈들은 기술 화석과 더불어 인류세의 증거로 암석에 남을 거예요. **기술 화석**은 플라스틱과 콘크리트처럼 인간의 기술로 탄생한 물질이 지층에 쌓인 것을 말해요.

더 오래전에 만들어진 암석층에는 훨씬 더 작은 닭 뼈가 훨씬 더 적게 들어 있을 거예요. 기술 화석은 전혀 발견되지 않고요.

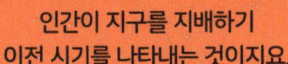

인간이 지구를 지배하기 이전 시기를 나타내는 것이지요.

더욱 깊은 층에서는 공룡 화석이 나올 거예요. 인간이나 닭이 지구에 돌아다니기 훨씬 전 시대지요.

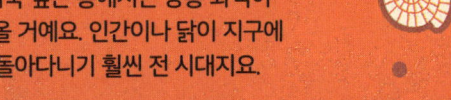

87 삶을 가장 위협하는 존재는…

인간이에요.

지구 역사상 다섯 번에 걸쳐서 지구에서 수많은 종이 순식간에 사라졌어요. 과학자들은 이를 **대멸종**이라고 불러요. 이런 변화는 기후 또는 대기가 갑작스럽게 변하면서 생겨났어요. 과학자들은 이제 여섯 번째 대멸종의 한복판에 있고, 이번 대멸종의 원인은 인간으로 보고 있어요.

이 지도는 멸종을 일으키는 인간 행동을 보여 줘요.

따뜻해진 바닷물
기후 변화로 인해 수온이 너무 높아져 해양 생물이 살아가기 어려워요.

땅 팔렸음
새로운 집터

사라진 숲
도로와 마을과 농경지를 만들기 위해서 숲을 베어 냈어요. 그러면 식물이 죽고 동물은 오도 가도 못 하게 돼요.

얼음 없는 산
눈이 녹고 빙하가 사라지면, 산에 사는 생물 종들이 머물 곳이 없어져요.

바람이 많이 부는 바닷가
인간 때문에 생긴 기후 변화로, 엄청나게 강한 폭풍우가 더 자주 찾아와요. 그 영향으로 여러 동물과 그들의 보금자리가 몽땅 사라질 수 있어요.

88 새로운 대륙이 생길지 몰라요...

지금은 바닷속에 잠겨 있지만요.

지구에는 일곱 개의 대륙이 있어요. 하지만 **질랜디아**가 대륙으로 추가될지 몰라요. 현재는 대륙으로 여겨지진 않지만, 어떤 지질학자는 대륙으로 인정받을 만한 조건을 모두 갖추었다고 생각해요.

질랜디아
또 다른 명칭: 태즈맨티스
면적: 492만 제곱킬로미터

- 물 위로 드러난 땅(7%)
- 물속에 잠긴 대륙(얕은 곳)
- 물속에 잠긴 대륙(깊은 곳)

누벨칼레도니섬

질랜디아

뉴질랜드

기원: 약 8,000만 년 전에 오스트레일리아 대륙에서 떨어져 나옴

지질학자가 대륙임을 증명하기 위해 적용하는 기준은 다음과 같아요. 질랜디아는 모든 기준을 충족시켜요.

- 뚜렷이 구분되는 영역 ✓
- 해저보다 두꺼운 지각 ✓
- 고유한 지질학적 특성 ✓
- 100만 제곱킬로미터 이상의 면적 ✓

현재 상태: 아직 대륙으로 인정받지 못했어요. 국제 연합을 포함한 여러 국가들은 물 밖으로 나온 육지가 있어야 대륙이 될 수 있다고 주장하고 있어요.

89 푸른색 불이…

인도네시아의 화산에서 뿜어져 나와요.

인도네시아 동자바에 있는 카와이젠 화산 군집은 독특해요.

카와이젠 화산에서는 다른 화산처럼 주황빛을 띤 새빨간 불꽃이 아니라, 금속 같은 파란색 불꽃을 뿜어내요.

이 지역의 암석에는 **유황**이라는 화학 물질이 풍부해요. 화산의 뜨거운 열기 때문에 유황이 가스로 바뀌어요.

유황 가스가 지표면에 다다르면 공기와 만나 불타올라요. 이때 푸른색 불꽃이 비쳐요.

일부 유황은 식어서 액체가 되기도 해요. 액체 유황은 계속 불타오르며 화산을 타고 흘러내려요. 그래서 파란색 용암처럼 보여요.

90 투탕카멘의 보석 중 하나는…

운석 충돌로 생겨났어요.

1922년, 고고학자들이 이집트의 왕 투탕카멘의 무덤을 발견했어요. 이때 나온 펜던트 하나는 진귀한 보석들로 가득했는데, 그중 한가운데에 있는 보석은 리비아의 사막에서 나온 유리로 만들어졌어요. 이 유리는 2,000만 년 전에 운석이 충돌할 때 형성되었지요.

리비아 사막의 유리
굉장히 진귀한 연두색 유리는 운석이 충돌하면서 모래에 열과 압력이 가해져 만들어졌어요.

금
고대 이집트 사람들은 금을 영원한 생명과 연관 지어 생각했어요. 금은 색이 변하지 않고 녹슬지도 않기 때문이에요.

청금석
짙은 청색을 띤 이 광물은 아프가니스탄에 있는 광산에서 이집트까지 왔어요.

페리도트
이 광석은 밝은 낮에는 잘 보이지 않아서 달빛 아래서 채굴해야 해요.

홍옥수
고대 이집트 사람들은 이 붉은색 원석을 태양과 연관 지어 생각하며 귀하게 여겼어요.

터키석
고대 이집트인들은 세라빗 엘 카딤에 있는 터키석 광산지 옆에 하토르 신전을 지었어요. 하토르는 '터키석의 여주인'으로도 불리는 여신이에요.

91 군청색은…

한때 금보다도 더 귀했어요.

청금석은 한때 화가들이 귀하게 여겼던 원석이에요. 화가는 청금석을 갈아서 맑게 빛나는 파란색 안료를 만들어 그림에 색칠했어요. 이 빛깔을 군청색(울트라마린 블루)이라고 불러요. 수세기 동안 청금석이 나는 곳은 한 군데뿐이어서, 군청색은 세상에서 가장 비싼 물감이 되었어요.

18세기까지, 청금석 생산지로 알려진 곳은 오늘날 아프가니스탄의 사르이상 광산 한 군데뿐이었어요.

청금석을 군청색으로 만드는 과정은 시간이 오래 걸리고 복잡했어요. 게다가 안료로 만들어지는 양도 극히 적었지요.

군청색은 극히 드문 데다 파란 색감은 너무도 맑아서, 많은 화가가 아주 중요한 작품이나 종교화에만 군청색을 썼어요.

16세기 이탈리아 화가인 미켈란젤로는 그리스도의 매장이라는 이 그림을 미완성으로 남겼어요. 군청색을 충분히 구할 여유도 없었고 그보다 못한 파란색을 쓰고 싶지는 않았거든요.

92 침보라소산이 에베레스트산보다 더 높아요…

지구 중심에서 재면요.

대개 에베레스트산이 세계에서 가장 높은 산으로 여겨져요. 해수면에서부터 높이를 쟀을 때는 그렇지요. 그런데 지구의 중심부에서부터 쟀을 때는 침보라소산이 가장 높이 솟아 있어요. 그 이유는 지구가 완전히 둥글지 않은 **지구 타원체**이기 때문이에요. 적도 주변이 더 볼록하게 나와 있지요.

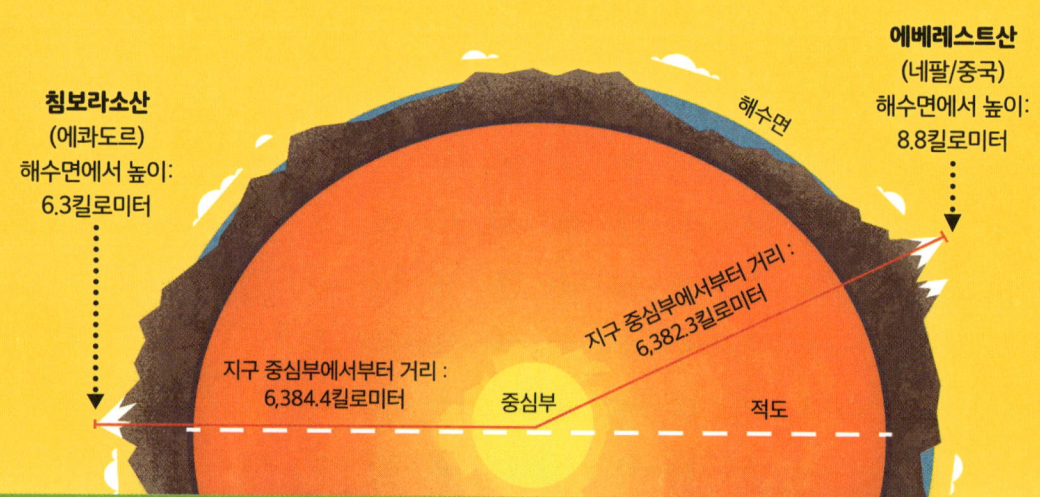

침보라소산
(에콰도르)
해수면에서 높이:
6.3킬로미터

에베레스트산
(네팔/중국)
해수면에서 높이:
8.8킬로미터

해수면

지구 중심부에서부터 거리 :
6,384.4킬로미터

지구 중심부에서부터 거리 :
6,382.3킬로미터

중심부   적도

93 다리가 자라나요…

세계에서 가장 습한 지역에서요.

인도 북동쪽에는 해마다 기록적으로 많은 비가 내려요. 폭우 때문에 목재 건물들은 빠르게 썩지요. 그래서 지역 주민들은 살아 있는 나무로 다리를 만들어요.

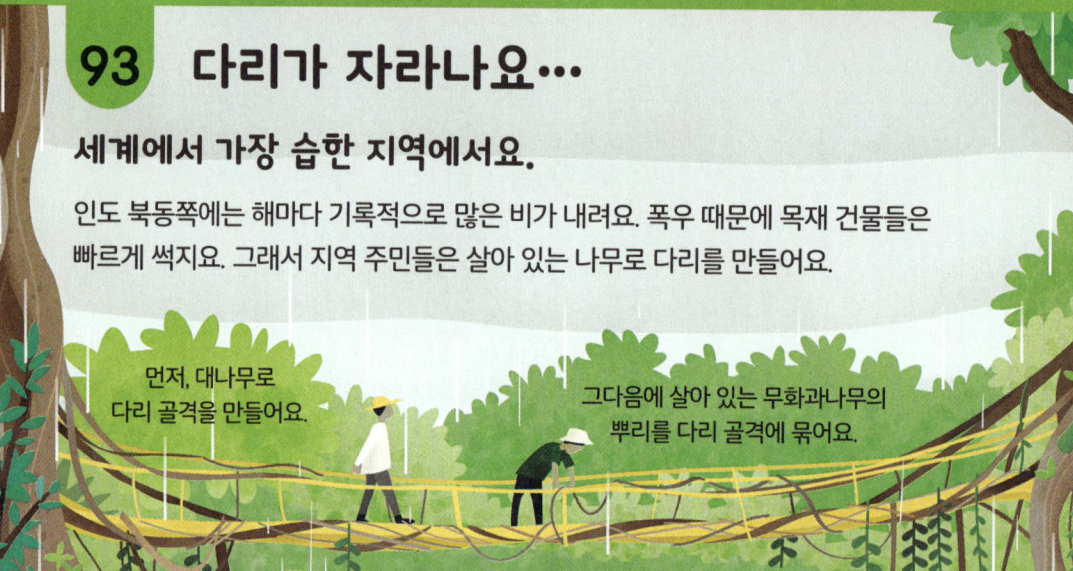

먼저, 대나무로 다리 골격을 만들어요.

그다음에 살아 있는 무화과나무의 뿌리를 다리 골격에 묶어요.

시간이 흐를수록 질기고 잘 휘어지는 뿌리들이 자라나며, 강물 위에 살아 있는 다리를 형성해 가요.

사람이 건널 만큼 다리가 자라는 데 10년 넘게 걸리지만, 몇 백 년 동안 유지될 수 있어요.

94 세계에서 가장 큰 두 강은…

서로 만나도 물이 섞이지 않아요.

검정색 물이 흐르는 네그루강과 탁한 물이 흐르는 아마존강은 브라질의 마나우스에서 만나요. 그런데 두 강물은 곧장 섞이지 않아요. 온도와 농도와 속도가 서로 달라서 보이지 않는 장벽이 생기거든요.

아마존강

네그루강

안데스산맥에서 나온 진흙과 토사 때문에 강물 밀도가 높고 모래가 섞여 있어요.

썩은 식물들이 물에 녹아들어서 색깔은 검지만 아주 맑은 물을 만들어요.

시속 6킬로미터까지
22도

시속 2킬로미터까지
22도

두 강물은 **6킬로미터**를 흘러가는 동안 섞이지 않아요.

강에 있는 섬들을 만나면 강물에 소용돌이가 만들어져요.

이런 흐름이 두 강물을 휘저으며 뒤섞어요.

한데 뒤섞인 강물은 아마존강으로 합쳐져 1,500킬로미터를 흘러가다 대서양으로 빠져나가요.

95 슈퍼 산호가…

세계의 산호를 살릴 수 있어요.

기후 변화로 인해 바닷물이 데워지면서 세계 곳곳의 산호초가 하얗게 변해 죽어 가요. 이를 **백화 현상**이라고 해요. 산호초를 살리기 위해 과학자들이 따뜻한 물에 더욱 잘 견디는 강력한 산호를 번식시켰어요. 이런 산호를 **슈퍼 산호**라고 해요.

과학자들이 산호가 하얗게 변하며 죽어 가는 바닷속으로 들어가요.

과학자들은 아주 강력한 산호를 새로 만들기 위해서, 따뜻한 물에도 살아남은 산호들끼리 번식시켰어요.

과학자들은 죽어 가는 산호들을 박테리아로 치료하기도 해요. 이 박테리아들은 기름이 유출되어도 산호가 살아남을 수 있게 해 줘요.

과학자들이 새롭게 만든 슈퍼 산호들을 다시 바다에 심으면, 새로운 산호 군락이 형성될 거예요.

산호초는 바다에서 겨우 0.2퍼센트밖에 차지하지 않지만, 모든 해양 생물의 25퍼센트에게 보금자리를 제공해 줘요. 적극적으로 보호하지 않으면 산호초는 앞으로 30년 안에 완전히 사라지고 말 거예요.

96 거대 파도는…

흔하지만 예측할 수도, 설명할 수도 없어요.

항해사들은 오랫동안 탁 트인 바다에서 아무런 조짐도 없이 갑자기 들이닥치는 어마어마하게 거대한 파도 얘기를 해 왔어요. 하지만 그 말을 믿는 사람은 아무도 없었어요. 1995년 새해 첫날이 되기 전까지요.

1995년 1월 1일
노르웨이 해안가에 있는 드라우프너 석유 굴착 플랫폼에 기이할 만큼 거대한 파도가 몰려왔어요. 기계에 측정된 그 파도의 영향력은 그동안 기록된 그 어떤 파도보다도 컸어요.

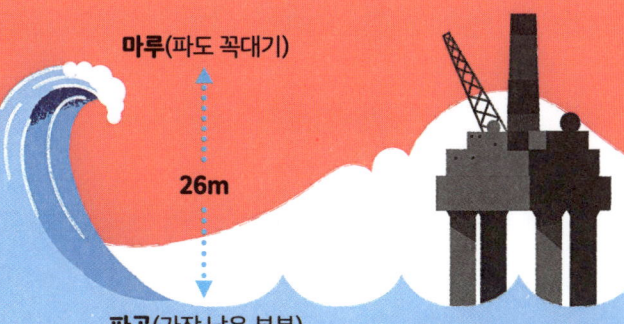

마루(파도 꼭대기)
26m
파곡(가장 낮은 부분)

이 기록은 거대 파도가 존재한다는 증거가 되었어요. 주변 파도보다 두 배나 더 높은 파도가 말이에요.

그때 이후로 과학자들은 그런 파도가 꽤 흔하다는 사실을 확신했어요.

해양학자들은 어떻게 이토록 거대한 파도가 생기는지 정확히 알지 못해요. 아마 **바람**과 **해류**가 뜻하지 않게 방향을 전환하면서, 큰 파도가 서로 겹쳐지는 것과 관련이 있을 거라고 추측해요.

바람

해류

거대 파도는 수년에 걸쳐 셀 수 없을 만큼 많은 배를 침몰시키고, 심지어는 구조 헬기처럼 낮게 나는 항공기조차 덮친 것으로 생각돼요.

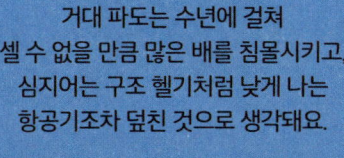

97 철의 장막이...

녹지를 만들어 냈어요.

1945년부터 1990년 무렵까지, **철의 장막**으로 알려진 장벽이 수백 킬로미터에 걸쳐 유럽을 가로질렀어요. 이 장벽이 유럽을 동쪽과 서쪽으로 갈라놓았지요. 장벽을 방어하기 위해 감시탑을 세우고, 가시철사를 두르고, 지뢰밭을 만들었어요. 그러자 장벽을 따라서 자연이 번성했어요.

철의 장막은 **냉전** 시기에 세워졌어요. 세계 대전의 끝 무렵에 동유럽과 서유럽의 나라들이 불안정하던 시기였지요.

- 감시탑
- 가시검은딱새
- 지뢰밭

철의 장막은 길고 좁은 길을 만들었어요. 이곳에서는 농사, 건설을 비롯한 인간의 활동이 전혀 이뤄지지 않았어요. 그 덕분에 희귀한 동식물 600여 종에게는 안식처가 되었지요.

- 가시철사
- 무어개구리
- 민물진주홍합

- 먹황새

철의 장막은 스파이와 공작원, 난민이 양쪽 진영의 경계를 넘나들지 못하게 막았어요.

- 붉은등때까치
- 탱크
- 수달
- 기관총 벙커
- 노랑복주머니난

철의 장막을 걷어 낸 오늘날, 이곳은 사람들이 자유롭게 오갈 수 있게 되었어요. 하지만 많은 곳이 초록빛으로 울창한 자연 보호 구역으로 남아 있어요.

98 사막 먼지가 비료를 줘요…

아마존 열대 우림에요.

아프리카에 있는 사하라 사막에는
한때 호수였던 곳이 있어요.
이곳을 '보델레 함몰지'라고 불러요.

호수에서 살던 미생물이 사막에 묻혀서,
영양분이 풍부한 화학 물질로 흙을 가득 채워요.

해마다 보델레 함몰지에서
엄청난 양의 먼지가
대서양을 건너 서쪽으로 날아가요.

많은 먼지가 물에 떨어지지만
일부는 바다 건너
5,000킬로미터를 날려 가요.

남아메리카에 다다른 먼지는
아마존 열대 우림에 떨어져요.
이 먼지에는 '인'이라고 하는
화학 물질이 가득한데,
인은 식물이 잘 자라게 하는
비료가 돼요.

이렇게 얻은 인은 열대 우기에 퍼붓는 비 때문에 흙에서 씻겨 나가는
인의 양을 거의 정확히 대신해 줘요. 사하라 사막에서 오는
이 먼지가 없으면 아마존의 열대 우림은 자라지 못할 거예요.

99 물속에 있는 해초밭은…

피라미드보다 나이가 많아요.

지구상에 가장 오래된 생명체 중 하나는 지중해 바닷속에서 자라는 해초밭이에요.
이런 해초를 **포시도니아 오세아니카**라고 해요.
이 해초밭은 인간의 역사보다도 더 오래되었어요.

과학자들이 **15킬로미터**가 넘는 해초밭을 확인한 결과, 수천 종의 식물이 다양하게 모여 있는 듯이 보이지만, 사실은 해초밭 전체가 하나의 유기체임을 알았어요.

과학자들은 해초밭의 범위와 해초가 자라는 속도를 바탕으로, 해초밭의 나이가 **20만 세**에 이른다는 걸 알았어요. 그 무엇과 비교해도 나이가 엄청나게 많아요.

에펠 탑은 **1889년**에 완성되었어요.

그리스 아테네에 있는 파르테논 신전은 **2,500세**쯤 되었어요.

포시도니아 오세아니카는
자기 자신을 정확하게 똑같이
만들어 내요. 이 과정을
복제(클로닝)라고 해요.

해초밭을 이루는 해초들은
모두 복제된 클론으로
하나의 똑같은 뿌리를 공유하고 있어요.

피라미드는
4,500세쯤 되었어요.

매머드는 **1만 5,000년**쯤 전에
멸종되었어요. 그 시기에 해초밭의 나이는
이미 **18만 5,000세**였어요!

100 지구에 사는 생명체는 영원히 살지 못해요…

하지만 어떻게 끝날지는 운에 달렸어요.

수십억 년 안에 태양은 적색 거성이 되어 지구의 대기를 태워 없애고 지구의 바다를 증발시킬 가능성이 있어요. 하지만 그런 날이 오기도 전에 상황은 더욱 나빠질지 몰라요.

파멸의 고리를 빠져 나가기 위해서 어떤 길을 택할지 주사위를 던져 보세요!

- 1: 다시 던지시오.
- 우주 재난으로 가시오.
- 3: 다시 던지시오.
- 지구 재난으로 가시오.
- 5: 다시 던지시오.
- 과학적 사건으로 가시오.

여기서 시작: 오늘날의 지구
주사위를 던져요.

여기에 언젠가 지구가 어떤 최후를 맞이할지 과학자들이 추측하는 몇 가지 결말을 소개해요.

하지만 무시무시한 여러 최후 중에서 장기간 생존할 수 있는 기회가 딱 한 가지 포함되어 있어요. 여러분은 운 좋게 그 기회를 잡을 수 있을까요?

로봇의 지배
인공 지능이 더욱더 발달해요. 컴퓨터가 자기 인지를 하고 인간을 노예로 만들어요.

우주 엘리베이터 발명
과학자들이 우주 엘리베이터를 만들어요. 우주 엘리베이터는 무거운 우주선을 궤도까지 날라 주지요. 사람들은 지구를 떠나서 우주를 탐험하며 우주에서 생활해요.

- 로봇의 지배로 가시오.
- 1: 다시 던지시오.
- 3: 다시 던지시오.
- 우주 엘리베이터 발명으로 가시오.
- 5: 다시 던지시오.

과학계 사건
새로운 기술의 발명!

118

감마선 폭발
가까이 있는 별 두 개가 충돌해서 강력한 감마선을 내보내요.

감마선이 지구를 보호하는 오존층을 쓸어 버려서, 방사선이 지구로 쏟아져요.

외계인 침공
과학자들은 은하계에 수백만의 외계 문명이 존재한다고 생각해요. 만일 어느 문명과 접촉했을 때, 평화로운 공존이 이루어지지 않을 수도 있어요.

우주 재난
우주에서 오는 위험!

- 감마선 폭발로 가시오.
- 3: 다시 던지시오.
- 1: 다시 던지시오.
- 외계인 침공으로 가시오.
- 5: 다시 던지시오.
- 거대 행성 충돌로 가시오.

거대 행성 충돌
거대한 행성이 태양계로 돌진해서 곧장 지구로 향해요. 콰광!

초대형 화산 폭발
거대한 폭발이 일어나면서 대기에 뿜어 나온 재 때문에 지구는 몇 년 동안 어둠에 빠져요.

잠깐!
우리에게는 지금 당장 걱정해야 할 더 다급한 문제가 있지 않나요? **104~105쪽으로 가요.**

핵전쟁 발생
핵전쟁이 터졌어요. 도시와 숲이 불타올라요. 핵폭발로 생긴 방사능 낙진이 지구를 뒤덮어요.

빗겨 가는 거대 행성
거대한 행성이 지구 옆으로 쏜살같이 지나가요. 이때 지구가 행성의 중력에 끌려 궤도를 벗어나요. 지구는 태양계를 떠나 우주를 떠돌게 될 거예요.

지구 재난
잠깐, 왜 이렇게 땅이 흔들리지?

- 초대형 화산 폭발로 가시오.
- 1: 다시 던지시오.
- 3: 다시 던지시오.
- 핵전쟁 발생으로 가시오.
- 5: 다시 던지시오.
- 빗겨 가는 거대 행성으로 가시오.

나노봇 발명
자기 증식을 하는 나노봇(스스로 자신을 복제하는 초소형 로봇)이 끝도 없이 증식하며, 지구를 생명체가 살지 못하게 뒤덮어 버려요.

어디에 있을까요?

이 책에서 설명한 몇몇 지역들을 각 제목의 번호로
세계 지도에 표시하여 위치를 나타냈어요.

북극해
태평양
아시아
유럽
인도양
아프리카
오스트레일리아
대서양
북아메리카
남아메리카
태평양
남극

83, 88, 54, 30, 66, 19, 65, 89, 92, 93, 28, 38, 37, 24, 61, 2, 98, 51, 56, 99, 96, 53, 16, 27, 40, 20, 70, 67, 69, 71, 58, 92, 55, 94, 98, 13, 44

- 83 에스터테이섬과 투모투우섬, 미국과 러시아
- 88 질랜디아
- 89 카와이젠 화산, 인도네시아
- 92 침보라소산, 에콰도르 에베레스트산, 네팔/중국
- 93 살아 있는 다리, 인도 북동쪽
- 94 두 강이 만나는 마나우스, 브라질
- 96 드라우포너 석유 굴착 플랫폼, 노르웨이
- 98 보넬레 함몰지, 차드 아마존 열대 우림, 브라질
- 99 해초밭, 지중해

- 55 포로로카 조수 해일, 브라질
- 56 구리 광산, 에드초산맥
- 58 지속적인 번개가 치는 마라카이보 호수, 베네수엘라
- 61 나트론 호수, 탄자니아
- 65 항손둥 동굴, 베트남
- 66 탐보라 화산, 인도네시아
- 67 디날리산, 미국
- 69 데스밸리, 미국
- 70 크리스털 동굴, 멕시코
- 71 할리우드, 미국

- 28 빨간 비가 내린 케랄라주, 인도
- 30 별건포인트섬, 필리핀
- 37 맥머도 드라이밸리, 남극
- 38 마다가스카르섬
- 40 옐로스톤 국립 공원, 미국
- 44 포인트 니모, 태평양
- 51 다이아몬드 도시 뇌르틀링겐, 독일
- 53 운석 방전지, 모리타니 공화국
- 54 불타는 윙겐산, 오스트레일리아

- 2 에라토스테네스가 잰 알렉산드리아, 이집트
- 13 아타카마 사막, 칠레
- 16 덴마크 해협 폭포
- 19 바타가이타 분화구, 러시아
- 20 페트리파이드 포레스트 국립 공원, 미국
- 24 다비후 균열, 에티오피아
- 27 허드슨만, 캐나다

꼭 알아야 할 10가지가 있어요…

지구를 보호하기 위해서요.

인간 활동은 지구에 막대한 해를 끼치고 있어요. 하지만 피해를 줄이기 위해서 우리가 할 수 있는 일도 많아요. 그중 몇 가지만 소개합니다.

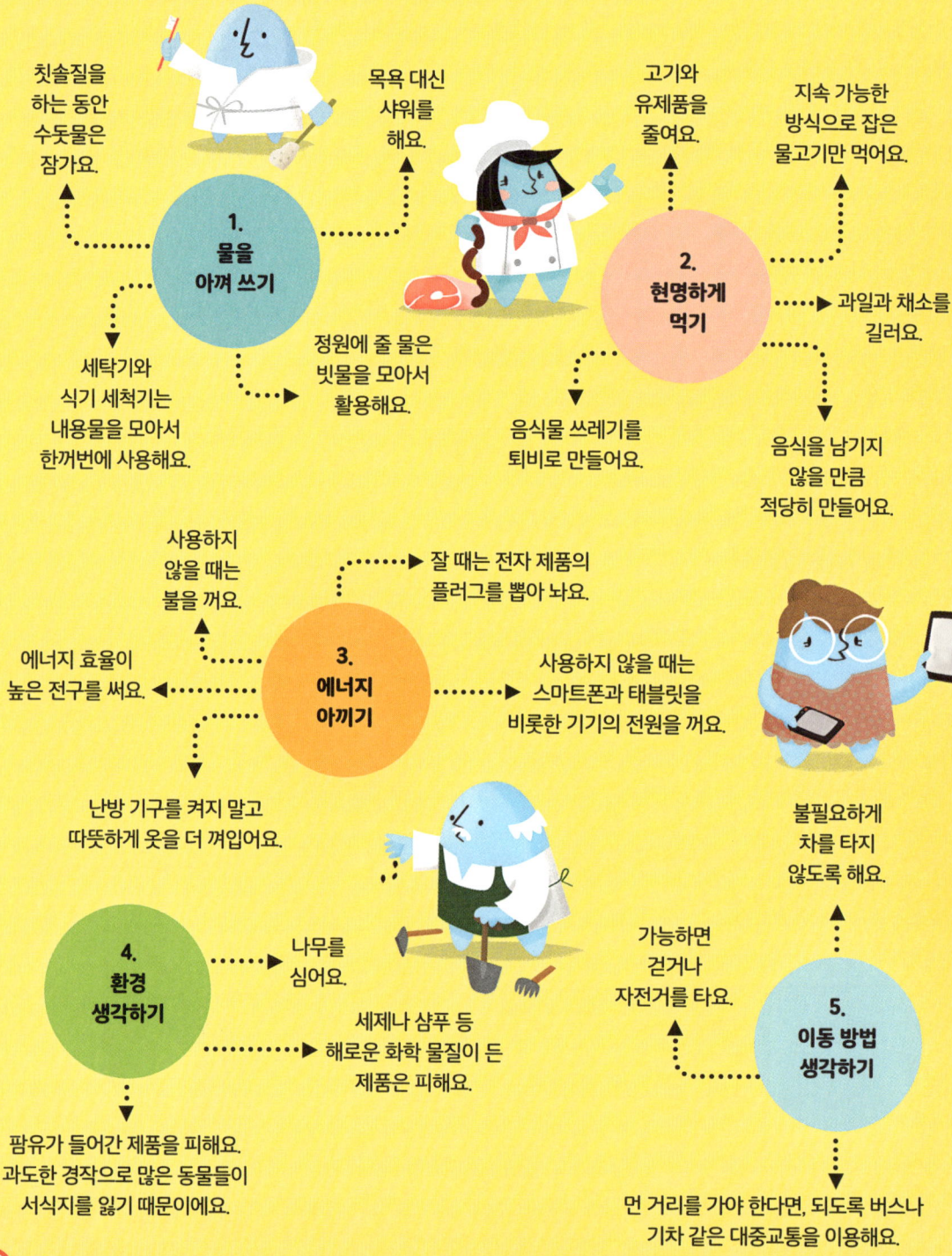

1. 물을 아껴 쓰기
- 칫솔질을 하는 동안 수돗물은 잠가요.
- 목욕 대신 샤워를 해요.
- 세탁기와 식기 세척기는 내용물을 모아서 한꺼번에 사용해요.
- 정원에 줄 물은 빗물을 모아서 활용해요.

2. 현명하게 먹기
- 고기와 유제품을 줄여요.
- 지속 가능한 방식으로 잡은 물고기만 먹어요.
- 과일과 채소를 길러요.
- 음식물 쓰레기를 퇴비로 만들어요.
- 음식을 남기지 않을 만큼 적당히 만들어요.

3. 에너지 아끼기
- 사용하지 않을 때는 불을 꺼요.
- 잘 때는 전자 제품의 플러그를 뽑아 놔요.
- 에너지 효율이 높은 전구를 써요.
- 사용하지 않을 때는 스마트폰과 태블릿을 비롯한 기기의 전원을 꺼요.
- 난방 기구를 켜지 말고 따뜻하게 옷을 더 껴입어요.

4. 환경 생각하기
- 나무를 심어요.
- 세제나 샴푸 등 해로운 화학 물질이 든 제품은 피해요.
- 팜유가 들어간 제품을 피해요. 과도한 경작으로 많은 동물들이 서식지를 잃기 때문이에요.

5. 이동 방법 생각하기
- 가능하면 걷거나 자전거를 타요.
- 불필요하게 차를 타지 않도록 해요.
- 먼 거리를 가야 한다면, 되도록 버스나 기차 같은 대중교통을 이용해요.

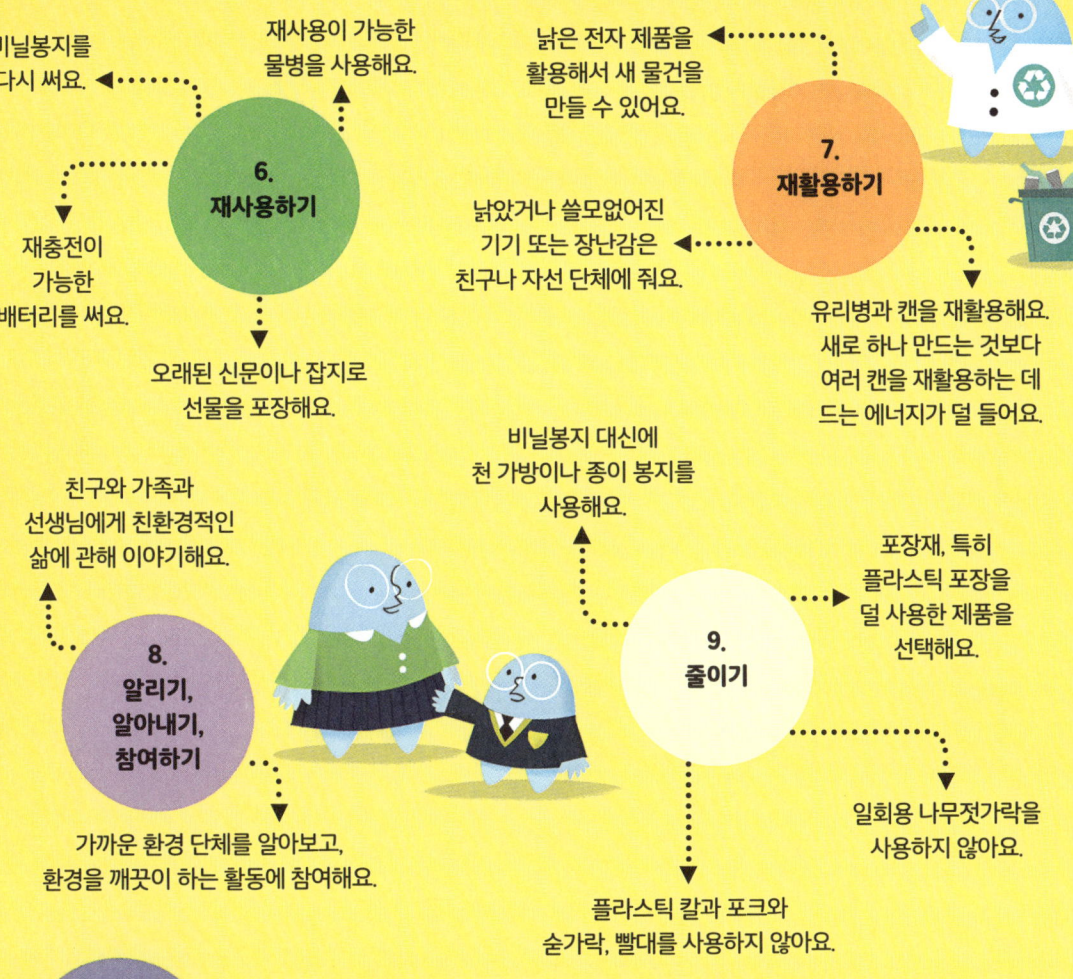

10. 더 찾아보기

지구를 보호하는 방법을 더 알고 싶다면,
어스본 영문 홈페이지를 방문해서 비디오 영상과 정보,
여러 활동으로 이어지는 링크를 살펴보세요.

우리가 추천하는 웹사이트에서 다음과 같은 일들을 해 볼 수 있어요.

- 지구를 돕는 방법 발견하기 - 당장 시작하기!
- 해양 오염과 멸종 위기 동물 등에 관한 퀴즈 풀기
- 어린이들이 할 수 있는 환경에 관한 인식 개선과 환경 보호 방법 살펴보기
- 야생 동물을 돕는 방법 찾아보기
- 짧은 비디오 영상과 유용한 정보를 살피며 지구에 어떤 변화가 생기고 있는지 더 알아보기

어스본 바로가기(usborne.com/quicklinks)에 방문해서
검색창에 'things to know about planet earth'를 입력해 보세요.

낱말 풀이

이 책에 실린 중요한 단어들의 뜻을 풀어 놓았어요.
*이탤릭체*로 나타낸 단어는 따로 풀이가 실려 있답니다.

고도 해수면부터 잰 높이.

고원 높은 곳의 평평한 땅.

광석 *미네랄*과 특히 금속을 추출할 수 있는 암석.

광합성 식물과 나무가 햇빛을 에너지로 바꾸는 방식.

궤도 행성이 다른 천체의 주위를 돌면서 그리는 곡선.

극지방 지구의 북쪽 끝과 남쪽 끝. 적도에서 가장 멀리 있어요.

기상학자 날씨를 연구하고 예보하는 전문가.

기후 일정한 지역에서 일반적이거나 평균적으로 보이는 날씨 상태.

기후 변화 시간이 흐름에 따라 지구의 *기후*가 보이는 변화.

남극 지구 남쪽 끝에 있는 얼음 지역.

대기 지구와 다른 행성을 둘러싼 기체의 혼합물.

대륙 광대한 땅덩어리.

마그마 지구 땅속에서 반액체로 녹아 있는 암석.

맨틀 지구의 *지각* 아래에 있는 두터운 암석 층. 대부분은 단단하지만 *마그마* 형태로도 있어요.

멸종 생물의 한 종류가 아예 없어지는 것. 마지막 한 개체까지 죽은 생물 종은 멸종할 거예요.

멸종 위기종 멸종할지 모를 위험에 처한 종.

미네랄 지구에서 소금 또는 다이아몬드, 석영 같은 암석에서 발견되는 물질.

방사능 낙진 핵폭발에 의해 생겨나 주변의 땅 위에 떨어지는 방사성 물질. 생물이나 생태계를 파멸시키거나 심각한 오염을 일으켜요.

방사선 열과 빛을 포함한 에너지의 입자 또는 광선. 물질 또는 물체에서 방출돼요.

별 우주에서 강력한 열과 빛을 발산하는 거대한 천체.

북극 지구 북쪽 끝에 있는 얼음 지역.

분출 화산에서 용암과 암석, 뜨거운 재, 가스를 내뿜는 현상.

분화구 화산 *분출* 또는 *운석* 같은 암석 덩어리가 부딪힌 충격으로 움푹 파인 곳.

빙원 북극과 남극, 두 *극지방*에서 얼음이 넓게 덮인 지역.

빙하 아래쪽으로 아주 천천히 흘러내리는 얼음덩어리.

빙하기 지구가 평균보다 훨씬 더 추웠던 시기. 지구 역사상 심각한 빙하기가 여러 번 있었어요.

사막 한 해에 250밀리미터 이하로 비가 내리는 아주 건조한 지역.

산호초 산호충이라는 작은 바다 동물들의 뼈대와 분비물이 쌓여서 만들어진 암초.

서식지 동식물의 종이 살아가는 곳.

세계 시간과 공간 안에 있는 모든 것.

세포 생물체를 이루는 기본 단위.

소행성 별의 궤도를 도는 작은 암석.

습도 공기 중에 있는 물의 양.

쓰나미 해저에서 생긴 극심한 움직임 때문에 일어나는 거대한 파도.

영구 동토층 항상 얼어 있는 지층.

영양분 생명체가 살아가기 위해 음식에서 흡수하는 성분.

오염 쓰레기나 먼지, 자동차에서 나오는 배기가스처럼 해로운 물질이 환경을 더럽히는 일.

오존 산소 분자마자 원자 2개가 아니라 3개로 이루어진 산소의 일종.

오존층 지구의 대기에 오존이 이룬 층. *태양* 빛으로부터 생명체들을 보호해 주는 층이에요.

용암 화산에서 뿜어져 나오거나 흘러나온 것. 암석이 녹은 것으로 뜨거워요.

운석 우주에서 날아와 지구 표면에 떨어진 암석.

위성 행성 둘레를 도는 천체.

유기체 모든 생명체.

이동 한 곳에서 다른 곳으로 옮겨 가는 것. 많은 동물들이 먹이를 찾기 위해 매 철마다 이동해요.

인공위성 행성 궤도를 돌도록 인간이 만든 물체.

인구 수 사람이나 동식물이 특정 장소에서 살아가는 수.

자기장 지구처럼, *자석* 주위로 자기력이 미치는 공간.

자석 자기력을 가진 물건. 자기력은 다른 물체를 끌어당기는 눈에 보이지 않는 힘을 말해요.

자전축 지구의 북쪽과 남쪽 극을 연결한 상상의 선. 이 축을 중심으로 지구가 회전해요.

적도 지구를 남북으로 나누며 한가운데를 따라 그은 상상의 선.

조수 달의 중력 때문에 날마다 생기는 밀물과 썰물.

종 식물, 동물, 그 밖의 생물을 분류하는 기초 단위.

중력 두 물체가 서로 끌어당기는 힘. 또는, 지구가 *태양*의 궤도를 도는 힘.

지각 지구의 딱딱한 바깥 층.

지구본 구 모양을 한 지도.

지도 제작자 세계나 각 지역의 지도를 만드는 사람.

지진 갑작스레 암석이 갈라지는 현상. 이때 땅속에서 에너지 파동이 전해져서 땅이 흔들려요.

지질 구조판 지구의 *지각*과 맨틀 위쪽에 있는 넓은 땅.

지질학자 지구가 무엇으로 구성되었고, 어떻게 형성되었고, 어떻게 변화하고 있는지 연구하는 과학자.

천재지변 지진이나 홍수, 태풍 등 자연 현상으로 인해 일어나는 재앙.

태양 *태양계* 한가운데에 있는 별.

태양계 태양 궤도를 도는 행성과 위성과 소행성 무리.

토종 특정 지역에 원래부터 있던 생물.

퇴적암 모래 입자와 진흙, 기타 잔해로 구성된 암석이 땅이나 물속에 쌓인 채 눌려서 단단해진 암석.

판게아 2억~3억 년 전에 지구에 존재했던 거대한 *대륙*.

포자 보통 단세포 식물이 무성 생식을 하기 위해 형성하는 생식 세포로 홀씨라고도 불러요.

표준 시각대 같은 표준시를 사용하는 지역.

해류 일정한 방향과 속도로 흐르는 바닷물의 흐름.

해양 넓고 큰 바다. 지구 표면의 약 70퍼센트를 차지하는 태평양·대서양·인도양 등을 통틀어 이르는 말이에요.

해양학자 바다와 바닷속에 사는 것들을 연구하는 과학자.

핵 지구의 중심부

현미경 눈으로는 볼 수 없을 만큼 작은 물체나 물질을 확대해서 보는 기구.

화산 지구의 지각에 난 구멍에서 분출이 일어나는 동안 용암과 재로 만들어진 원뿔 모양의 지형.

화석 연료 석탄, 기름, 가스 등 생물이 남긴 화석에서 만들어진 연료.

화석 오래전에 죽어서 암석 속에 단단히 굳어 보존된 동식물의 뼈 또는 흔적.

화석화 돌로 변한 것을 말해요.

환경 생명체가 살아가는 주위 상태.

환경 보호가 생물 종과 생물이 살아가는 환경을 지키고 보호하기 위해 일하는 과학자와 활동가들.

황량한 땅이 거칠고 메마른, 식물이 자라지 못하는 상태를 뜻해요.

찾아보기

ㄱ

갈-페터스 투영법 5
강 23, 52-53, 68, 79, 105, 110, 111
거북 73
고래 10-11, 73
골디락스 존 7
공룡 19, 38, 103
국립 공원 29, 52-53
국제 날짜 변경선 100-101
국제 우주 정거장 57
군청색 109
그라피티 47
그린란드 5, 24
그림자 6, 20
금 88, 108-109
기후 18-19, 27, 74-75, 96
기후 변화 44-45, 87, 104, 112

ㄴ

나무 15, 29, 51, 52-53, 62-63, 79, 96, 110
나비 73
남극 32, 42, 48-49, 56, 62-63, 83
남극해 83
남아메리카 32, 94, 102, 115
늑대 52-53, 75

ㄷ

다이아몬드 64-65
달 27, 86
대기 7, 30, 33, 42, 44, 51, 54, 62-63, 76-77, 89, 97, 118-119
대륙 7, 32, 74-75, 106
대서양 68, 95, 111, 115
데스존 92
도요새 73
독일 65, 69
동굴 79, 85, 102
두루미 72
디날리산 82
똥 34-35

ㄹ

러버덕 94-95
러시아 28, 82, 100

ㅁ

마그마 10, 64-65, 85
마다가스카르섬 50
말코손바닥사슴 52-53
맥머도 드라이밸리 48-49
먼지 45, 97, 115
메르카토르 투영법 5
멸종 16-17, 102, 104-105, 117
모래 22, 23, 31, 46, 108
물 7, 10-11, 24, 25, 37, 43, 56, 72, 73, 74, 75, 84, 85, 87, 104, 111
물고기 16-17, 34, 45, 87, 104, 105
미국 29, 52, 73, 82, 90-91, 100
미생물 21, 43, 78, 115

ㅂ

바다 11, 16-17, 24-25, 31, 32, 44, 54, 56, 72-73, 93, 94-95, 100, 104-105, 106, 112-113, 116-117
바다 11, 32, 45, 94-95, 112, 118
바닷새 34-35
박테리아 12-13, 45, 74-75, 112
밤 71, 84
밴앨런대 55
뱀파이어 80-81
번개 40-41, 68, 71
베트남 79
별 26, 88, 118
보석 108
보호 29, 47, 52, 112
북극 12, 34-35, 60-61, 93
북극성 26
북극여우 60-61
북아메리카 32, 73, 82
브라질 68, 111
비 14, 20, 37, 41, 48-49, 62, 72, 78, 79-80, 110, 115
비소 69
빙하 36, 43, 44, 56, 97
빙하 이끼(글레이셔 마이스) 43
빙하기 18-19, 27, 62-63, 74, 96

ㅅ

사냥 47, 52-53
사막 8-9, 14, 20-21, 22, 48-49, 78, 84, 86, 105, 108, 115
사하라 사막 115
산 20, 48, 56, 62, 68, 69, 71, 82-83, 92, 104, 110-111
산호 45, 105, 112
새 34-35, 72-73, 74-75, 89, 114
석고 86
섬 39, 50, 75, 83, 100-101
세 38, 103
세차 운동 26
소행성 65, 86
숲 15, 29, 62, 96, 104

시아노박테리아 75
쓰나미 59

ㅇ

아마존 열대 우림 115
아마존강 111
아타카마 사막 14, 20-21, 48
아프리카 4, 5, 32, 50, 72, 115
안데스산맥 20, 111
암모니아 34-35
암석 12, 29, 31, 36, 46, 62, 64, 65, 69, 103
앨버트로스 89
양심 더미 29
어든-웬트워스 척도 46
얼음 12, 28, 36, 40, 45, 48, 56, 63, 84, 93, 94, 97, 104
에라토스테네스 6
에베레스트산 110
여우원숭이 50
열대 우림 79, 115
영양 72
오스트레일리아 8-9, 32, 68, 94, 106
우주 먼지 66-67, 88
운석 37, 67, 88, 108
윙겐산 68
음파 30
의상 93
이동 34, 72-73
이산화탄소 44-45, 62-63, 65, 96
이집트 6, 26, 108
인공위성 6, 30, 36
인도 32, 37, 110
일본 30, 59

ㅈ

자기장 33, 55
자전축 26, 27, 66
잠수함 54-55
잠자리 72
전염병 45, 96
전파 54-55
제비갈매기 72
제퍼슨의 격자판 90-91
중력 7, 27, 36, 48, 86, 119
지각 7, 67, 88, 106
지구의 형성 18, 66-67, 88
지도 4-5, 83, 90
지루한 10억 년 19, 74-75
지오스민 78
지진 30, 59, 77
지질 구조판 32, 62-63
질랜디아 106
질병 45

ㅊ

천문학자 21, 26
철의 장막 114
청금석 108-109
침보라소산 110
침입종 8-9

ㅋ

캐나다 36, 73
코발트 69
크리스털 56, 85

ㅌ

탄소 7, 51, 64, 65
탄소-14 51
탄자니아 74-75
태양 7, 33, 35, 42, 63, 66-67, 79, 81, 84, 93, 97, 108, 118
태양계 66-67
태평양 20-21, 39, 57, 70, 95, 100-101
토끼 8-9

ㅍ

파도 59, 68, 113
판게아 32
페트리코 78
펭귄 73
포인트 니모 57
폭포 24-25
폭풍우 40-41, 44, 70-71, 94, 104
프랑켄슈타인 80-81
프테로사우루스 89
플라밍고 74-75
플라스티글로머리트 31
플라스틱 10-11, 31, 103

ㅎ

해수면 44, 82, 92, 110
해양학자 94-95, 113
해초 116-117
핵 33, 88, 110
핵폭탄 51
헬륨 76-77
화산 18-19, 39, 41, 74, 80-81, 98-99, 107-119
화석 29, 62, 87, 103
화성 20-21
흑사병 96
히말라야산맥 62

이 책을 만들기 위해서…

다양한 분야의 사람들이 함께 일했어요.

조사·글:
제롬 마틴, 대런 스토바트, 앨리스 제임스,
톰 뭄브레이, 알렉스 프리스, 로즈 홀

디자인:
제니 오프리, 렌카 흐레호바
틸리 키칭, 헬렌 쿡, 제이미 볼

일러스트:
페데리코 마리아니
파코 폴로
데일 에드윈 머레이

시리즈 편집: 루스 브로클허스트
시리즈 디자인: 스티븐 몽크리프
전문가 감수: 로저 트렌드 박사

한국어판 1판 1쇄 펴냄 2020년 1월 2일 | 1판 5쇄 펴냄 2021년 4월 30일
옮김 신인수 **편집** 박희정, 김산정 **디자인** 황혜련 **펴낸곳** (주)비룡소인터내셔널 **전화** 02)6207-5007 **팩스** 02)515-2007
한국어판 저작권 ⓒ 2020 Usborne Publishing Ltd.
영문 원서 100 THINGS TO KNOW ABOUT PLANET EARTH 1판 1쇄 펴냄 2019년
글 제롬 마틴 외 **그림** 페데리코 마리아니 외 **디자인** 제니 오프리 외 **감수** 로저 트렌드 박사
펴낸곳 Usborne Publishing Ltd. usborne.com
영문 원서 저작권 ⓒ 2019 Usborne Publishing Ltd.

이 책의 영문 원서 저작권과 한국어판 저작권은 Usborne Publishing Ltd.에 있습니다. 저작권법에 의하여 한국 내에서 보호를 받는 저작물이므로 무단전재와 복제를 금합니다. 어스본 이름과 풍선 로고는 Usborne Publishing Ltd.의 트레이드 마크입니다.